心学大师湛若水丛书

湛若水史迹寻踪

黄淼章　湛汝松　胡继芳／编著

广州新华出版发行集团
广州出版社

图书在版编目（CIP）数据

湛若水史迹寻踪／黄淼章，湛汝松，胡继芳编著．—广州：广州出版社，2018.7
（心学大师湛若水丛书）
ISBN 978-7-5462-2805-1

Ⅰ．①湛…　Ⅱ．①黄…　②湛…　③胡…　Ⅲ．①湛若水（1466—1560）—人物研究　Ⅳ．①B248.99

中国版本图书馆CIP数据核字（2018）第154255号

书　　名　湛若水史迹寻踪
　　　　　Zhan Ruoshui Shiji Xunzong
出版发行　广州出版社
　　　　　（地址：广州市天河区天润路87号9楼、10楼　邮政编码：510635
　　　　　网址：www.gzcbs.com.cn）
策　　划　柳宗慧
责任编辑　杨珊珊　李素娟
文字编辑　梁惠明
责任校对　龚莉莎
封面设计　肖晓文
印刷单位　广东信源彩色印务有限公司
　　　　　（地址：广州市番禺区南村村东兴工业园　邮政编码：511442
　　　　　电话：020-31035501）
规　　格　787毫米×1092毫米　16开
字　　数　138千
印　　张　9
版　　次　2018年7月第1版
印　　次　2018年7月第1次
书　　号　ISBN 978-7-5462-2805-1
定　　价　36.00元

前 言

湛氏若水（1466—1560），初名露，字民泽，后因避祖讳，改名雨，40岁时开始定名若水。字元明，号甘泉，谥号文简。明代著名思想家、教育家、政治家。甘泉是明代心学奠基者陈白沙的衣钵传人，他们创立的学派被称为岭南心学，以便区别于王阳明为代表的阳明心学。甘泉寿高，享年95岁，年少之时父亲去世，只能跟随母亲四处飘零，生活不乏艰难困苦。尔后经过科举仕进，由朝廷中的庶吉士做起，最后做了官属二品的礼部、吏部、兵部的三部尚书。当然，他曾亲历了明代官场的险恶，也懂得人间世故，虽然也会遇到诬蔑、陷害，甚至弹劾之类，但他都能安然度过，这其中不乏有人生智慧。甘泉一生不忘讲学，创办书院，招收门徒，传道授业、明理解惑。他勤于著述，善于思考，学术成果丰硕，思想博大精深，其中有经济的、政治的、礼法的、教育的、家规的、哲学的，等等，不愧为一代宗师，与同时代的王阳明堪称思想双峰。不唯如此，他的书院思想以及甘泉学派思想的形成及传承等，都值得人们去认真研究，以便从中汲取精华，为现代的社会建设、经济发展、精神文明、人格培养提供可以借鉴的理论资源。

甘泉学说继承白沙，白沙学说的基本特点是突出人的主体性以及人的本体地位。“天地我立，万化我出，而宇宙在我。”“我”非小我，也非私我，“我”是大我，也是天理。这个“我”是一种境界，也是一种胸怀，“我”是堂堂正正，直道而行，正义凛然，顶天立地。同时，也有一种理性认知，“我”不囿于一己之私，不拘于陈说陋习，也不屈于世俗权威。“我”的特点在“知疑”，“学贵知疑”。学是觉悟，疑是批判。只有思考批判，才能有所觉悟，也才会有进步，小疑小进步，大疑大进步，不疑不进步。白沙主张“静坐”，因为“静坐”，“久之，然后见吾此心之体隐然呈露，常若有物”。即“静坐”能体悟到“心”之本体的存在。平时人们可能会因为外在事物的缠绕，生活的繁忙，忘记了对自我的反省，忘记了“吾日三省吾身”。而只有在“静”下来的时候才会去思考什么是有意义的，什么是无意义的，什么是值得的，什么是不值得的。所以“静”是一种消极自由，一种不被世俗左右的自由，这实际就是意志自由、人格独立。和“主静”有关的是“自得”，所谓“自得者，不累于外物，不累于耳目，不累于造次颠沛，鸢飞鱼跃，其机在我”。“自得”说的是自主，不仅不被外物决定，而且又是自由自在，即“鸢飞鱼跃，其机在我”。因为“我”是主体。当然，白沙哲学中还有个“自然”范畴，“自然”源自道家，白沙引用了，并把它作为自己哲学的基本范畴，同时赋予了“心学”的意义。“自然”是“道”，“自然之乐，乃真乐也。宇宙间复有何事”。人生真正的“乐”是对“道”的“乐”，对于“道”的“乐”就是“自然之乐”，有了这种“乐”，其他的乐也就不算什么了。白沙处世大气，为人狂放，常思“我大而物小”，物之小者不足以夺取我之大者。作为儒者，他的自由绝对不是肆无忌惮、放荡不羁，而是“从心所欲而不逾矩”，是在自由洒落中对于义理的坚守，“义理须到溶液处，操存须到洒落处”。

甘泉学说不同白沙学说，白沙主静，甘泉主敬，甘泉说：“善学者，必令动静一于敬，敬立而动静浑矣。此合内外之道也。”什么是内外之道，内是道德理性，外是道德实践，道德理性很好地落实在道德实践中就是合内外之道。如果说“静”是一种消极自由，是不累于物，那么，“敬”就是一种积极自由，它要求儒者对于道德律令的真诚遵守，即先哲说的“执事敬”。实际上，这就是甘泉所理解的“自得”。在他看来，人能“执事敬”，就能有“自得”。他说：“若仆之愚见，则于圣贤常格内寻下手，庶有自得处。”“常格内寻下手”就是“体认天理”，“随处体认天理”是甘泉的发明，白沙给予了充分肯定：“日用间随处体认天理，著此一鞭，何患不得到古人佳处也。”甘泉解释：“吾之所谓随处云者，随心、随意、随身、随家、随国、随天下、随其所寂所感时耳，一耳。寂则廓然大公，感则物来顺应，所寂所感不同，而皆不离于吾心中正之本体。”就是在任何时候、任何情况下都要自觉体认“天理”的存在，并把它贯彻下去。不论是动，还是静，是感，还是寂，都不要忘记“天理”。寂静之时的“廓然大公”和动感之时的“物来顺应”，都是对于“天理”的自觉。所以，在“体认天理”的过程中，既有“心”，也有“物”；既有“知”，也有“行”。故“体认天理者，兼知行、合内外言之也。”“体认天理”包含了知行合一、表里如一和言行一致。它是一种工夫，工夫熟后，即是“自然”。所谓“自然”者，不见人为，不假人力，“不勉而中，不思而得”，自然而然，毫无造作，它是一种修养，也是一种境界。

甘泉不同于阳明，尽管他们是好朋友，也都属于心学一系。但他们都不苟且于对真理的探索和坚持，在具体的学术观点上他们有分歧。甘泉讲“心无所不包”和“心无所不贯”。阳明讲“心外无物”和“心外无理”。“心无所不包”说的是“心”包含了万物的存在，形上之“心”是万物的价值之源，“心无所不贯”说的是形上之“心”贯穿于万事万物中，当然也贯穿在人的言行当中。阳明讲“心外无物”突出了形上之“心”的价值之源，强调的是“致良知”，同时，在价值存在上否认了“物”的独立自在性，故后来的王学禅化在这里就埋下了伏笔。日本学者冈田武彦对甘泉的评价也许能说明问题：“湛甘泉豪迈峻敏，虽在力量上不如使其学风靡一代的阳明，但却比阳明资格稍老。他始终以体认之学为宗，其学与王学相互出入。阳明死后，湛甘泉又保持三十余年的长寿，在纠正当时朱子学亚流之弊的同时，又致力于救正王学亚流的猖狂之弊。”应该说，这个评价比较公允。

除了哲学之外，甘泉还有教育、礼法、政治，乃至经济思想等。甘泉重视教育，据史料记载：他建的书院（包括帮他建书院者）就有35所，其中广东地区有22所，如在西樵山建云谷书院、大科书院，在增城建龙潭书院、独冈书院、莲洞书院，在罗浮山建甘泉精舍、天华精舍，在白云山建白云书院，在广州建天关书院等。他的弟子接近4000人。陈裕荣编著的《湛甘泉门生弟子考录》一书记载有名有姓的弟子就达649位。明末清初的黄宗羲，在师承上就属甘泉的四传，即甘泉传唐枢，唐枢传许孚远，许孚远传刘宗周，刘宗周传黄宗羲。在教育中，甘泉重视人格培养和实践教学，他说：“君子之学也，犹之锻金也，不炉不锤则金不精。事也者，学之炉锤也，不历事则仁不熟。不熟，仁之弃也。夫仁也者，贵熟之。”人的品质不仅是学来的，更重要的是锻炼出来的，这锻炼就是在事上磨，事上磨就是社会实践。

甘泉关注礼教，不论是在书院的训规中，还是自己的家训中，都讲到许多有关礼规的内容，同时也非常重视这方面的训练。这其中就包括日常生活中的洒扫应对、爱亲敬长、隆师亲友等。这些都是做人的基本礼节。如《大科训规》说：“诸生相处，务守长幼之节。”“诸生相聚，不可自是自高，无长幼之序，虚心相下，非但礼所当然，亦且受益。”说的是弟子之间的相互尊重。《家训》讲：“凡父母在，兄弟不得各爨。每晨与兄弟同造父母之所，问夜寝安否，食能美否。父母问诸子过失否，过失安在，各前跪对。”其中所说应该以家庭的统一为重，子女要向父母问候请安，父母要问子女做事有无过错。另外，对于传统的吉礼、凶礼、军礼、宾礼和嘉礼，以及乐、射、御中有关礼的问题也都有论述。

在政治经济方面，他承续中国的德治传统，主张以德治国，强调对于“国之理”的认知。他说：治国首先要认识“国之理”，“《大学·治国章》以孝、弟、慈，以心，以仁让，以恕言之，吾心感应乎国之理也，是故事君使臣也、立教兴化也、事长慈幼也、使众临民也、正朝廷也、正百官也、正万民也，皆国之事理也。”这说明治国不能离开德的要求，礼法固然重要，但德更为基本，礼法应该建立在德的基础之上。在经济上，他重视农桑，强调民事的重要性，“事神者，敬天是也。治民者，农桑是也。……农桑之务，乃衣食之源，民事之最急者也。”

总之，甘泉思想中蕴含着丰富的宝藏，需要人们去挖掘、研究和传扬。广东省岭南心学研究会近年来主持并完成了国家古籍整理出版资助项目《湛若水全集》（约400万字）的点校，同时组织《心学大师湛若水丛书》课题，经广东省社科联积极向中共广东省委宣传部申报广东省“理论粤军”项目，课题获得批准。广州出版社对《心学大师湛若水丛书》的出版高度重视，列入重点项目出版计划，精心组织出版。我们在整理甘泉思想资料的基础上，推出这套丛书，目的是从不同维度去揭示其思想内涵，呈现其历史意蕴，发现其所潜含的现代价值。希望丛书能够对读者全方位地了解湛若水有所裨益。

广东省岭南心学研究会

2018年6月

增城资政堂藏版湛若水绘像

广州二沙岛越秀南粤先贤公园湛若水像，广州市人民政府立，2011年9月26日揭幕（湛汝松摄于2011年10月16日）

增城广场湛若水像，增城区人民政府立，2008年12月28日揭幕（湛汝松摄于2008年12月28日）

新塘市民文化活动中心广场湛若水像，新塘镇人民政府立，2009年9月9日揭幕（湛汝松摄于2009年9月9日）

原尚书府门楼（湛永燊提供）

增城天蚕山湛若水墓（湛伟健摄于2006年3月21日）

增城南香山“湛子洞”摩崖石刻（湛汝松摄于2010年4月18日）

目　录

第一章

府第祠堂，古韵悠扬

一、尚书府

《沙堤湛氏族谱》记载的尚书府绘图

广州市增城区新塘镇解放路市头大街30号有一所菊泉中学。这所中学的校园是明嘉靖年间（1522—1566）湛若水府第，民间称之为“尚书府”遗址。

尚书府的主人是明代著名心学家、教育家，官至南京礼、吏、兵三部尚书湛若水（号甘泉）。尚书府始建于明嘉靖年间，建成于隆庆元年（1522—1567）。根据湛若水族孙湛劳根在《沙堤湛氏族谱》补记的《沙堤湛氏文献遗风》中《湛甘泉家祠》之图文记载，2015年4月，增城区文体旅游局对照实地丈量绘制了尚书府平面图。尚书府原占地面积约

原尚书府湛甘泉绘像（选自《湛甘泉文化研究系列》第七期）

8750平方米。府第四周被围墙围合，门前有旷地和一口名为“三墩塘”的鱼塘，旷地面积约1200平方米，三墩塘面积约24 750平方米，总占地面积约34 700平方米。

尚书府坐北朝南，由家祠、后花园、后楼、书房、会客厅、大厨房和一座“三世尚书”牌楼等建筑物组成。家祠五间三进，总面阔约20米，总进深约37米。硬山顶，镬耳封火山墙，灰塑屋脊，碌灰筒瓦，穿斗与抬梁混合式梁架结构，青砖墙，红砂岩石脚及红砂岩柱础。门前有“明真儒甘泉湛先生祠”牌匾，落款刻“巡按广东监察御史门人洪垣题”并有“婺源”“洪垣”两枚印章（部分残匾现保存在湛怀德义士祠内）。后堂中间，安放着身穿明朝官服的湛若水合掌塑像。

家祠前为“三世尚书”牌楼。牌楼阔三间，深两间，十二柱，歇山顶重檐。牌楼正面悬挂一方“尚书府”木牌匾，背面悬挂“三世尚书”木牌匾。在牌楼左右各建一堵呈双手拥抱状围墙，牌楼前台基上左右各立一根旗杆石，祠左建会客厅及大厨房，祠后辟花园，花园后建一座五隅墙楼房。楼门前有水井一口，楼后辟灰砂三合土旷地，旷地东侧建书房，书房后种两棵“万寿果”（即拐枣）。正面偏左围墙开大门，书房左侧围墙开小门。现门前旷地宽阔，绿树成荫。

门前三墩塘形似曲尺，塘中有左、中、右三个代表礼、吏、兵三部尚书的四方形台墩，每个台墩占地过亩（1亩≈666.67平方米）。府第四周还被小河环绕，府第东、南、西三面河流上各有一座红砂岩石拱桥。桥的位置分别在今侯王庙前、解放路和西涌口。府第当年南临东江边，东、西、北三面与族人村屋为邻。尚书府建成后，一直是新塘历史文化的标志、文化教育的场所。有史料记载，从1941年起，尚书府就作为初级中学校址，先是从当地历史文化名人

今菊泉中学正门（湛汝松摄于2016年9月4日）

崔菊坡、湛甘泉名字中各取一字命名为“菊泉中学”，继之为增南中学、增城第二中学、新塘中学。1998年，新塘中学因建了新校舍而搬迁，尚书府遗址复办菊泉中学。

20世纪五六十年代，尚书府逐步被拆旧建新。1959年楼南北墙扩建为中学大礼堂，1966年秋拆除祠内甘泉塑像及家祠前“三世尚书”牌楼，继而陆续拆除家祠头门、中堂、后堂及府第其他建筑物，直到1972年祠内一切古建筑被全部拆除，取而代之的是现代教学楼和运动场。原祠内后堂中间安放的甘泉先生塑像、悬挂于堂内的古代

尚书府遗址上的菊泉中学校园（湛汝松摄于2016年9月4日）

木刻对联、牌匾以及“三世尚书”“尚书府”等牌匾均已丢失，只有建筑物的墙基、铺地的红砂岩石块仍埋在地下默默地记录着历史沧桑。

如今，在尚书府遗址上建立的学校依旧是传播甘泉文化的场所，学校建了甘泉文化墙。2010年7月，新塘中学1972届毕业生还捐资在菊泉中学校园内立了湛若水铜像，从此，传承湛甘泉思想文化有了新的形象载体。

二、宋奉训大夫湛公祠

广州市增城区新塘镇甘涌村宁静的读岗公园东侧有一条中和街，街前有一口平静的池塘，祠堂边有一排枝叶茂盛的大叶榕树，一间古老的祠堂穿着新衣掩映在浓密的绿荫中。

这祠堂就是门口镶嵌着“宋奉训大夫湛公祠”门额、纪念湛若水先祖湛露的宗祠。湛露，原为福建莆田人，元代广东道德庆路总管府治中，宣授奉训大夫。后自莆田迁至增城甘泉都沙贝（雅称“沙堤”）村，成了沙堤（今

湛氏宗祠外貌（湛汝松摄于2016年7月3日）

新塘）湛氏始祖，民间称其为“沙堤湛氏始祖”或“新塘湛氏始祖”。

湛露有两个儿子，世忠居沙贝下村坊，晚丁居沙贝市头坊，晚丁后裔湛若水故居在市头坊，但他为何要把始祖宗祠建在元岗坊独岗之东呢？

原来，沙贝是东江水带来的河沙和大海潮水卷来的贝壳等淤积形成的滩涂，湛露任广东道德庆路总管府治中时，从水路经过沙贝村，曾登上当时江中一个单独露出水面的小石岗，发现沙贝村前的东江竟是一条从东往西流的河流。人们都说“大江东去”，可东江却偏偏向西流去。它汇聚了江西崇山峻岭之源泉，奔腾而来，直到陈家林群山的怀抱后才缓缓注入南海。湛露惊喜，转身往后环顾，只见蓊蓊郁郁的四望岗充满灵气，连绵起伏的凤凰岭散发异光。他认为，有玉带环身的水土，一定是块可藏龙育虎的宝地，于是，元大德五年（1301），湛露告老还乡后便举家迁到沙贝定居。不久，他还将母亲何氏夫人的先骨迁到靠近独岗附近的沙贝东华坊安葬。于是，湛露成了沙贝湛氏的始祖。

明代嘉靖年间，湛露七世孙、兵部尚书湛若水告老还乡后为缅怀先祖、教化族人，便在先祖登陆之独岗东面购下一块土地，带头捐资并发动族人在那块土地上建筑湛氏宗祠。

据《广州市文物普查汇编·增城区卷》述，嘉靖三十年（1551）祠堂建成。建好的宗祠坐西朝东稍偏南，三间三进、硬山顶、封火山墙、灰塑龙船脊、碌灰筒瓦、陶瓦滴水，穿斗与抬梁混合式梁架，共十三架，前后三步

“宋奉训大夫湛公祠”门匾（湛汝松摄于2016年7月3日）

廊，青砖石脚，红阶砖铺地。前檐立两根方形花岗岩檐柱，中间立四根坤甸木圆形金柱，檐柱、金柱均配红砂岩石覆盆柱础。三架梁施驼峰坐斗，其余架梁、步梁施瓜柱，梁头雕花。屋面坡度较平缓，瓜柱小巧，覆盆柱础较矮，底径比较大，具有明显的岭南明代建筑特色。宗祠建成后曾先后于清康熙、咸丰年间进行过重修。

祠堂门前那口水塘，民间称“始祖塘”。大门门额上镶嵌一方长300厘米，宽72厘米的石匾，匾上阳刻“宋奉训大夫湛公祠”，上款刻“嘉靖辛亥二月吉”，下款刻“裔孙若水立”。湛露是元代官员，当过南京礼、吏、兵部尚书的湛若水为何为门匾题书“宋奉训大夫湛公祠”呢？这还得大家去考究了。

20世纪60年代，年久失修而残旧的祠堂被改造为甘涌小学，改造后，除中堂因作为学校礼堂经维修后仍保留明代建筑风格外，其余建筑均拆除改建为教室。20世纪末，中堂再次重修，建筑面积为114.3平方米，现为广州市增城区登记保护文物单位。

宋奉训大夫湛公祠二进院（湛汝松摄于2017年5月5日）

2013年秋，甘涌小学合并到新建的甘泉小学，湛氏宗祠改为甘泉幼儿园，为契合孩子活泼的天性，外墙涂上了鲜艳的颜色。

三、湛家园

任嚣城北绝尘喧，佳节关心届上元。
灯火辉煌明月上，采青争到湛家园。

这是清道光年间（1821—1850）番禺举人江仲瑜所作《羊城竹枝词》四十四首中的一首。诗的前两句说明了湛家园的方位，即在任嚣城之北。任嚣城，就是现在的广州，公元前214年，秦始皇派大将任嚣、赵佗率军进攻岭南，统一岭南后建南海郡，郡治设在番禺（今广州），任嚣为第一任郡尉，因此广州曾俗称“任嚣城”。昔日，城北典雅幽静，既没有都市人喧马嘶的嘈杂，也没有风尘滚滚的烦扰，这正是湛家园主人所刻意追求的环境，一个“绝”字足以说明当时湛家园的幽静与美丽。但到了元宵节却又是另一番景象，诗的后两句极力描述了湛家园闹元宵的热闹场面——元宵节之夜，灯火辉煌，一轮明月悬挂天空，男女老少争相到湛家园游园、采青，欢度元宵佳节。这一静一动的描写，充分展现了湛家园的美丽景色和闹元宵的热闹场面。可见，此园在清道光年间尚盛极一时。

诗中所言“湛家园”即明代著名学者湛若水的物业。清同治十年（1871）刊刻的《番禺县志》记载：“湛家园，在小北门内，相传为明湛若水游憩之地，未知何时变为民居。今其处尚以湛家园为街名，经咸丰七年（1857）夷乱毁为平地。”

明嘉靖十九年（1540），75岁的湛若水获准辞官南归，在广州天关（今法政路湛家巷一带）建立了一座占地数十亩的私家园林——湛家园，作为告老还乡后游憩之所，并在园林的南边兴建了一座书院，取名“天关精舍”。此后20年间，湛若水就居住在湛家园里，除了在天关精舍开堂讲学外，还到湖南衡山紫云书院、南海西樵山大科书院、惠州罗浮山朱明书院和增城南樵莲洞书院等众多地方讲学，并在全国各地创办或资助书院近40所，人称甘泉书院几遍东南。湛若水一生殚精竭虑地为教育事业奋斗，直到95岁时（1560）无疾而终。

湛家园后来成为湛氏家族的聚居地，可惜这一名园在第二次鸦片战争中被毁为废墟。后来，湛家园遗址上逐渐建了民居，通了马路，人们为了纪念湛若水，把他晚年居住的地方命名为“湛家大街”。天关精舍遗址之处取名“天关里”，因湛若水当过尚书，当地居民又将“天关里”谐称为“天官里”，德政北路曾有过的天官后街，也因此而得名。

广州湛家大街上的多层建筑（湛汝松摄于2011年10月16日）

如今的“湛家大街”已不是真正意义上的大街，而是“回”形般围着一幢建筑物的小巷，10多个“湛家大街”的门牌，分别挂在建筑物首层的每个门口上。“湛家五巷”更不见巷的影子，唯独一家挂着“湛家五巷3号”门牌的旧房子，坐落在一条小巷的尽头。

湛家大街上的湛家五巷只剩3号（湛汝松摄于2011年10月16日）

昔日幽静美丽的湛家园不见了，在湛家园遗址上，建起了停车场，天关精舍的旧址上也盖起座座高楼。历史在变迁，湛家园不复存在，但湛若水终身致力于教育事业，其治学思想和方法，至今为国内外学者所重视、研究。

四、湛怀德祠

湛怀德祠，又名“义士祠”，位于广州市增城区新塘镇群星村南约石街，是奉祀大儒湛若水的高祖父、新塘湛氏三世祖湛怀德的祠堂。祠堂始建于明代中叶，清光绪十七年（1891）重修，1999年公布为广州市文物保护单位。

义士祠始建于东江边，但沧海桑田，今天已隐藏在民居之中。祠堂坐西北朝东南，由前拜亭、头门、中堂、后堂、廊庑和前后天井组成，总面阔10.14米，总进深32米，建筑占地324.48平方米。与众不同的是该祠堂头门宽

义士祠（湛汝松摄于2009年4月8日）

4.56米，中堂与后堂面宽10.14米。有人认为，祠堂前窄后阔，相差过半的布局，玄藏着设计者“后裔更宽”的独运匠心。

建在门前花岗岩台基上的拜亭，面阔3.79米，进深1.74米，共五架，梁架以瓜柱承重，共用四柱，歇山顶，正脊、垂脊、戗脊饰博古纹，封檐板施花卉、动物纹彩色木雕。

头门为凹斗门，面阔一间4.56米，进深两间1.85米，共五檩。硬山顶，人字封火山墙，灰塑博古脊，垂脊饰博古纹。门面为水磨青砖墙，花岗岩石门夹，门内左山墙上设砖砌门神龛。门前三级石阶，门上有湛若水题的“义士祠”牌匾。

中堂面阔三间10.14米，进深三间5.18米，共七架前后双步廊。歇山顶，灰塑龙船脊，戗脊起翘，前后廊各立两根檐柱，中间立四根金柱，山花出悬鱼，结构独特。前廊梁架上施驼峰斗拱，架梁、后廊步梁以瓜柱承重。架梁、步梁、桁檩、斗拱等木构件均遍施彩绘，在增城古建筑中仅见。前后封檐板施花、鸟、虫、鱼彩色木雕，明间前三级石阶。中堂前有天井带两廊，天井阔4.67米，深8.53米，花岗岩条石铺地，头门后两米处砌横墙并留有小门分隔。左右照壁为硬山顶，三叠涩砖出檐，陶瓦滴水，墙楣施彩色灰塑花卉、鸟兽壁画。天井后部原立两方石碑，现仅存基座。

湛若水题书“义士祠”（湛汝松摄于2017年5月7日）

整座祠堂碌灰筒瓦、素胎瓦当、滴水剪边、青砖石脚、红阶砖铺地，民间称其为“花祠堂”。

义士祠原有一石碑，石碑刻写着明代巡按广东的御史洪垣于嘉靖二十六年（1547）撰写的《明护国保境义士湛公祠记》，“文革”期间被打碎。2005年，祠堂进行了维修，洪垣的祠记和重修记事又重新雕刻上碑，装在旧碑座上置于前堂中。

湛怀德为何被称作“义士”？湛若水为何要题“义士祠”牌匾，洪垣又为何要撰祠记呢？

元末，社会动荡，盗匪猖獗，以渔耕为主的沙贝村（今新塘城区）南临东江，当地的渔船、农艇和过往的货船，经常受到游走于江中的盗匪抢掠；沙贝村北背南香山，不时被盘踞在山中的盗贼打家劫舍。秉性刚毅的湛怀德，眼见盗匪横行，乡里遭殃，便召集村中一班身壮力健又有义气的村民，练兵习武，共保村乡。可是当时沙贝人丁稀少，势单力弱，他便与东江沿岸的麦、谢、莫、罗等姓氏的村民结为联盟，组成一支以他为盟主的民间护卫队，保障沿岸百姓生活的安宁。

明初，朝廷为了稳定地方社会秩序，让湛怀德统领当时增城县甘泉、清湖、绥宁三都（今新塘、永宁、仙村范围）的乡兵，维护地方治安。洪武十四年（1381），东莞中堂的苏友兴造反，波及四周，沙贝也有村民盲目随从。南雄侯赵庸奉命率领官兵讨伐，在东江水面作战。由于官兵不善水性，屡屡失利。湛怀德便率领乡兵支援，奋战江面，营救了被围困的官兵，平息了一场动乱。事后，赵庸要荐湛怀德为官，却被婉言谢绝，湛怀德一心要与村民一起守望故土，被赵庸封为“义士”。

湛怀德之义更体现于其对村民充满善心。明初，治安不稳，朝廷均以重典治乱，按当时的法例，造反者要被处以死刑。平息苏有兴叛乱后，地方衙门便大肆搜捕叛乱参与者，并处以死刑。湛怀德不忍胁从的村民被处死，便冒死与沙贝村乡绅陈仲光一起出面保释。由于湛怀德有功，保释获准，很多参与叛乱的村民免遭杀害。同样，法律对盗窃财物者也要其以死抵罪。有一次，官差押送一个偷窃塘鱼的犯人回村向其父母辞别后再伏法。湛怀德闻之，觉得窃物只是小罪，为鱼杀人，实在于心不忍！行刑当日，他赶赴县衙对执行官说：“这个犯人是我村的村民，我要把他带回沙贝当众处罚，以惩戒他人。”湛怀德把偷鱼人带回村后，对他认真教育一番，便为他松绑，带他回家。偷鱼人感激涕零，后来不但改过自新，还成了出色的乡兵，因此，湛怀德更受村民爱戴。

湛怀德逝世后，朝廷旌表其为“护国保境义士”，敕建“义士祠”，并御派当时巡按广东的御史洪垣督办建祠事务，祠堂建好后，洪垣便请其老师湛若水题写了“义士祠”。

第二章
先贤墓葬，历史厚重

一、湛若水墓

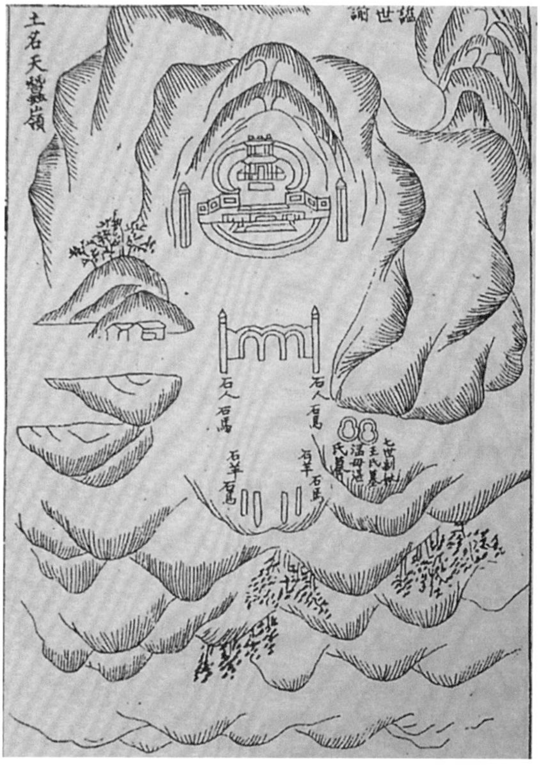

《沙堤湛氏族谱》中的湛若水墓绘图

1989年6月12日，广州白云区竹料镇一个盗墓团伙，冒天下之大不韪，窜到增城盗掘古墓。经多次踩点，他们盗掘了位于当时永和镇南香山的明代礼部尚书霍韬墓和位于天蚕山的湛若水墓。他们先在霍韬墓中乱挖一通，未有所获。后来，他们又窜到天蚕山，借夜深人静，古墓地处偏僻之机，用炸药炸开湛若水墓的墓冢，砸烂墓碑，捣毁棺室，从墓中偷出十余件陶俑、陶茶几、陶罐等文物。6月13日，贼心未死的盗墓者认为墓中不可能只有那么少的陪葬品，再次来到天蚕山盗掘湛若水墓，被埋伏在附近的公安一举抓获并缉拿归案，主犯被判处有期徒刑4至6年不等。

盗墓事件轰动了广州和增城文史界，同时，也给人们带来疑问，湛若水这位曾任明嘉靖年间南京礼、吏、兵部尚书的大人物，其墓中的随葬品仅有十余件陶器，没有金玉首饰等贵重物品，与墓主显贵身份极不相称。因此，有不少人联想起历史上湛若水有多处墓葬的传说，怀疑天蚕山湛若水墓不是其真墓。

笔者当年在广州市文物管理委员会工作，曾参与了湛若水墓被盗事件的调查，并翻阅过有关史料，现将了解的一些情况整理如下。

（一）

嘉靖十九年（1540），年过古稀的湛若水得朝廷恩准辞去官职，定居广州。从此，他抛开了官场的尔虞我诈、腐败黑暗等烦扰，专心著书办学，并留下了《心性图说》《甘泉文集》《春秋正传》《二礼经传测》等四百余卷著作。在著书办学之余，湛若水喜欢带着弟子四处旅游，不少中华山川名胜留下了这位耄耋老人的足迹。到了九十岁高龄，湛若水还携弟子到湖南衡阳行南岳之游。五年后即湛若水逝世前两个月，湛若水仍约弟子洪垣等同游福建武夷山。嘉靖三十九年（1560）四月二十二日，九十五岁高龄的湛若水在广州禺山精舍辞世。

湛若水死后，曾浮厝广州三年多，1563年10月25日，才在其弟子、家属的主持下安葬于故乡增城。后来，朝廷下令追封湛若水为太子少保，谥号文简。

令人诧异的是，在增城境内的新塘塘美东埔厅山、永和天蚕山和镇龙大涵，以及南海西樵山等地，竟发现有多座被称为是湛尚书的墓葬。而在增城当地，历史上亦有湛若水有多座坟墓的传说。又有说湛若水生前喜欢四处云游，其实他是在看风水，希望找到风水宝地用作自己的千年吉地。据20世纪80年代的《增城文物志》记载，“增城大涵村的大山顶，有一湛若水的完整墓葬，相传是汤村士子汤东作在‘金鸡归巢’替父找到的一块寿地，因与湛若水是世交，把寿地相赠给他。湛若水乃宴请汤村父老，以示感谢”。传说

湛若水墓碑（湛伟健摄于2011年11月29日）

由于湛若水怕人发掘其墓冢，所以选择墓地时均以郊游为掩护，出殡时多路同时出，这样，真正藏有遗体的棺材葬于何处，就无人知晓了。

湛若水是增城著名历史人物，当高官的时间较长，又加上死后停尸多年而不入葬，所以引出不少传闻，其弟子、家属又在湛若水生前教过书或浮厝之处（白云山）修了衣冠冢，因此，湛若水墓变得扑朔迷离。历史上不少对此感兴趣的人曾进行探索，结果亦难有定论，留下一个历史之谜。

（二）

天蚕山湛若水墓被盗后，在有关部门协助下，广州和增城文物考古工作者对古墓进行了勘查。该墓位于永和陂头村天蚕山东麓的荔枝园内。

墓葬由灰砂捣筑而成，依山势而建，规模宏大，墓室随山势由上而下分成四级，从第一级的坟头而下至第四级的池座总长21.3米，最宽处达14.1米。坟头由版筑墙绕成半圆筒形，口宽5.5米，正中坟包独特，用灰砂筑成一座四柱三间的碑楼，分上下两层。下层宽广，正间辟碑龛，高1.46米、宽0.76米。上层亦四柱三间，四面缩减，两层的立面如“凸”字形。上层正间有篆文“谕葬”两字。第二级为拜台，左右两边的版筑墙上分列双钩篆文“山斗八座”“真儒

庞嵩题写的“山斗八座”“真儒千载”“九十五年”“全归不朽”双钩篆文（湛伟健摄于2005年11月13日）

千载”“九十五年”“全归不朽”16字，刻字与版筑同出。拜台在正中间，版筑，横长5.15米、宽2.55米、高1.13米。第三级前台宽14.1米，颇宽敞。第四级为池座，深6.4米，宽与第三级同。池座的前边及两侧都有望柱、栏板围成一匝。墓后用灰砂、山石砌筑护土墙，成半圆形，直径44米，绕于墓外。全墓占地1597.2平方米。

湛若水墓前约50米处原有石牌坊1座，现仅存残石柱、残石础。再前，有石人1对（文武官吏俑）、石马1对及其他石雕。这墓在广东省已发现的明墓中属于规模大、版筑精工的典型，而且保存较完整。

湛若水墓的墓冢十分奇特，一反过去明墓馒头状做法，整个墓包用灰砂筑，呈一个古建筑状，分两层，庑殿顶，面阔三间，进深三间，顶部还筑出瓦檐与瓦槽，为广东地区明墓所罕见。墓堂共分三级，逐级扩大，墓堂及围墙基本完好，在墓地前面还有神道，发现有用鸭屎石（即粗面岩）雕刻的石人、石马、石羊、石狮和石华表等。

这座用糯米、桐油、石灰和灰土精心捣筑的古建筑状墓包，经历四百余年风吹雨打，仍基本保存完好。然而，令人痛心疾首的是，这次却被盗墓者用现代炸药炸裂，庑殿式墓顶被掀掉一大块，墓包正面的碑刻被炸成碎片，碑后约30厘米厚的灰砂层亦被炸开，并有一个直径近一米的圆形盗洞，直通棺室。原保存完好、用楠木特制的棺材，亦被毁坏，部分碎片被抛出墓外。棺木、碑石四分五裂，现场一片狼藉，惨不忍睹。根据文物工作者的现场调查，湛若水墓碑原高148厘米，宽84厘米，竖在墓冢正中。据当地人云，原碑

湛若水墓墓道上的部分石俑（湛伟健摄于2006年3月21日）

有模糊字迹，这次竟被盗墓者炸成碎片，造成无法补救的损失。

公安人员从盗墓者家中追回随葬品一批，经鉴定，有陶太师椅、陶茶几、黑酱釉小罐等，还有小陶俑9件，是广东地区明墓中首次发现的彩绘陶俑。其造型特别，工艺精湛，人物塑像栩栩如生，有的做捧书状，有的捧果盆，有的做侍候状，应是墓主生前的侍者形象。对于研究明代中叶广东地区的服饰、生活习俗等，这些随葬品是极为珍贵的实物资料。

在盗墓者炸开的墓室洞内，还发现了一个楠木制的棺材，已被炸坏。增城县博物馆工作人员不顾洞穴的腐臭潮湿，爬下两米深的洞穴探查，发现棺内还有部分遗骨，其中有一个下颚骨和头盖骨。这一新发现为进一步的调查提供了极为重要的线索。

一般来说，如果天蚕山湛若水墓是一座衣冠冢或假墓，是不会有遗骸埋入的。而且这墓内的棺材埋得较深，棺木也是实用品，并且是上等的。同时，我们将棺内保存的部分遗骨，即下颚骨和头盖骨送给中山大学人类学专家鉴定，发现棺内的遗骨骨质松化，下颚骨牙齿下葬前就早已脱落，仅有牙齿脱落后愈合的痕迹，所以这应是一个龙钟老态长者的遗骸。湛若水死时，已是95岁的耆老了，正与棺内发现的遗骸年岁相符。因此，这座被盗掘的增城永和天蚕山湛若水墓，其规模、形式及墓中陪葬品和遗骸等都给我们提供了十分有力的证据——此墓就是明代太子少保、历任南京三部尚书的湛若水的真墓。

那么，之前说过流传于民间关于湛若水在新塘塘美东埔厅山和在镇龙汤村（今属黄埔区九龙镇）、南海西樵山等墓葬的主人又是谁呢？其实，只要认真看一看墓碑，就可以知道在新塘塘美东埔厅山的是湛若水母亲陈氏太孺人墓，在镇龙的是湛若水父亲湛怡庵墓，两墓至今仍存。只有南海西樵山上由霍韬为其修的才是湛若水的寓墓。墓被毁后，西樵人在青龙头遗址附近立了碑记，头顶有平台，筑有高米许、六角形的“明太史甘泉湛先生寓墓”墓碑，“文革”期间被毁。

（三）

上面提到被盗掘的天蚕山明墓是湛若水的真墓，虽然颇具规模，但墓内却没有发现金银珠宝等珍贵随葬物。湛若水生前曾任南京礼、吏、兵部尚书，应是达官贵人了，其墓似乎不可能仅有这一点点随葬品。要解答这一疑问，可从下面两点进行分析推断。

湛若水毕其一生，以著书立说和兴学育贤为已任，其致仕前，是南京兵部尚书。其实，这是一个虚职，并无多大实权，况且，屈大均云：“甘泉翁官至上卿，服食约素，推所有余以给家人弟子。”他的钱财，主要来自当官的俸禄，并且基本上用于建书院培养人才了。其逝世时又离致仕二十年了。这样的一个理学家和教育家，薄葬也许是湛若水生前的意愿。

另外，还有一个重要的原因，就是明代广州地区的风俗习惯是薄葬，这和前代的厚葬有极大的差异。

从考古发现的材料看，广州的古墓，特别是汉代墓葬，厚葬成风。古人事死如事生，葬礼是一件隆重的事情，许多官僚贵族都把搜刮来的民脂民膏埋进了墓中，以为阴间还有另一个世界，凡饮食器具、偶人车马、珍宝玉玩乃至住屋、仓井、火灶等都做成明器，放入墓中，以供自己在阴间继续恣意享用。于是，有丰厚随葬品的广州古墓千百年来成为盗墓者大显身手的场所。1983年5月，考古人员在广州西村凤凰岗，发现了一座南越国时期规模巨大的木椁墓，是著名的象岗山南越王墓发掘前广州地区发现的最大的木椁墓，当考古人员奋战一个多月终于打开墓室时，最不希望看到的、惨不忍睹的画面呈现在眼前，巨大的墓室中仅发现了几块破烂的陶器残片，古墓被严重盗扰，墓室被洗劫一空！在墓室中部发现了一个盗洞，令人惊异的是，盗洞中竟发现了20余件制作极为细腻考究的玉器。考古人员分析，可能当年的盗墓贼盗墓时心存恐慌，忙乱中把已盗到手的一包玉器遗留了下来。在广州已发掘的汉代及其以后比较大型的古墓葬，十室九空。不少墓葬是在坟墓造好后不久就被人偷盗，许多盗洞都正好选在墓顶的中部，可见古代广州地区盗墓者经验异常丰富。

盗墓者与丧葬者之间这场永无休止的斗争，使达官贵人万分苦恼。虽然他们生前作威作福，不可一世，但却无法保证死后坟墓免遭盗掘。这样，厚葬给墓主及他们的后代增添了无限的烦恼。因此，从唐宋起，广州墓葬的随葬品就逐步减少了。到了明代，精明的广州人终于懂得，要使自己死后坟墓保持安静，最好的办法就是墓中不放或少放随葬品，这是广州明墓和前代墓葬相比的一个历史性的进步。早在20世纪60年代，广州考古人员曾在广州东山象栏岗发掘了比湛若水墓稍早的成化年间（1465—1487）明代南京工部尚书戴缙夫妻合葬墓，其陪葬物亦很少。有趣的是，戴缙夫人周氏墓中，出土一方墓志云：“（周氏）临终嘱其夫并子孙曰：‘我死之后，慎勿以金银首饰装我，恐为我后患。’瞑目，子孙遵其遗嘱，一以香簪素服，并无分毫金银首饰装殓。”这段墓志，真是一个绝妙的自供状，反映出明代广州官僚贵族不敢用金银厚葬的无可奈何的心情。非缺金银陪葬，而是不敢埋入墓中，恐引盗入墓。

1985年，广州考古工作者在海珠区赤岗发现了明代南京礼部尚书何维柏的夫人劳氏墓，墓室异常坚固，但随葬品亦仅有五件青花小罐，并无分毫金银，这反映出广州明代确实盛行薄葬。

湛若水墓规模宏大，墓室也十分坚固，可见造墓者亦颇费心机。据地方史志记载，湛若水在广州逝世后，曾在白云山浮厝三年，可见当年造此墓时花费了不少时间。其之所以只有极少陪葬品，除上面谈到不愿厚葬的原因外，其弟子、家人也怕后人发掘其冢，使湛氏亦不得安宁，因此不敢放置金银陪葬，由此可见，湛若水墓没有金银珠宝是毫不奇怪的。

1984年公布湛若水墓为增城县文物保护单位，1999年公布其为广州市文物保护单位，2002年公布其为广东省文物保护单位。

二、湛治中夫妇合葬墓

广州市增城区新塘大道南边的白江村东宁社大桥头山坡上，有两座规模宏大、古朴凝重的墓葬，这就是湛若水为其始祖湛治中夫妇与四世祖湛果成夫妇重修过的合葬墓。

湛治中墓（湛汝松摄于2017年5月5日）

湛治中墓和湛果成墓分别始建于元至元三十年（1293）和明宣德元年（1426），明嘉靖二十年（1541），湛若水发动族人重修，清乾隆四十九年（1784），族人再次维修。

墓葬坐北朝南，灰砂版筑交椅状的两座墓形制大致相同，均由月池、两级平台、享堂、坟头、墓后护岭和拜桌组成。月池左右墙施垂带抱鼓纹，山手、享堂和享堂半月出券处施灰塑宝珠纹压顶，享堂中央有谷围状坟头，灰塑宝珠压顶，坟头正面有碑龛，碑龛内镶嵌一方端石墓碑，墓池、平台前各有两级灰砂踏步。

湛治中夫妇合葬墓居右，规模稍大，面阔8.8米，深16米，占地面积140.8平方米。墓碑正中刻“宋进士奉训大夫□□□治中湛公诰封五品宜人□□邝氏太宜人合墓”。上款刻“明嘉靖二十年辛丑十二月初二日，赐进士出身、诰授资政大夫、南京兵部尚书、参赞机务、前翰林院侍读学士、国子监祭酒、三充会试同考官、奉命册封瑞昌王副使、册封安南国王正使、赐一品服礼部、吏部尚书裔孙若水等修”。下款刻“清乾隆四十九年季冬吉旦，十九世宗子永勋、十三世裔孙巨杨、十五世裔孙举、庚辰科举人借补河源县训导叙选知县十五世裔孙梦蛟、甲午科举人拣选知县十七世裔孙其源、廪贡生叙选儒学教谕十七世裔孙恕、赐进士出身文林郎截选县知县十八世裔孙祖贵等重修立碣”。

墓葬重修后，前有墓道，距墓50米处的墓道中建有一座四柱三间的花岗岩石牌坊。如今，墓道已消失，墓葬与牌坊被一条新修的乡道分隔在两边。保存完整的牌坊面阔8.2米，通高4.7米，正脊施石刻屋脊，脊顶正中有一

湛治中墓牌坊（湛汝松摄于2017年5月5日）

石刻覆莲托火焰纹宝珠，左右各有一石雕鳌鱼。牌坊檐下石额枋刻有“光绪八年岁次壬午孟夏重修”12个阴文楷书。正门为拱券门，八角门柱上置石刻宝珠，两侧门呈长方形，门顶施石雕雀替承虾公梁，两侧柱顶置精美的石雕狮子。该牌坊是光绪八年（1882）维修时重建。

湛治中，名露，新塘湛氏始祖，湛若水是其七世裔孙。这两座由湛若水带头修建的带牌坊墓葬雄伟壮观，保存完整。其不仅体现湛若水慎终追远，对先祖敬畏的情怀，而且具有较高的文物价值。.

2007年7月，湛治中夫妇合葬墓和湛果成夫妇合葬墓被公布为广州市文物保护单位。

三、湛若水父亲湛怡庵墓

增城民间传说，镇龙有一座湛尚书的墓葬，其实那是湛若水父亲湛瑛的墓。为什么民间会把湛父的墓说成是湛若水的墓呢？究其因是明嘉靖十年（1531），朝廷因湛若水之官职，追封湛若水父亲湛瑛为礼部尚书，都是尚书，又是湛姓，民间分不清楚，也不足为怪。

湛若水父亲湛瑛（1437—1484），号怡庵。湛瑛平生耿直，好打抱不平而被诬陷，积愤得病，在湛若水18岁时便离开人世。其墓位于当时广东省增城县镇龙福洞村黄山王大巷，即今广州市黄埔区九龙镇福洞村果排自然村皇帝顶山山腰。该墓始建于明成化年间，墓葬坐西北朝东南，通宽11.6米，纵深20.8米（不包含墓道），占地

湛怡庵墓（湛汝松摄于2011年11月30日）

241.3平方米。墓用灰砂三合土夯筑而成，形如一把巨大的太师椅，由护岭、山手、享堂、挂榜、踢靴、二级拜台和半圆形月池组成。墓随山势由上至下分成四级逐步扩大，月池两侧东西各立文官、武官石像。月池前方为墓道，墓道两侧有花岗岩雕塑的石马、石羊和石狗俑各1对。墓道上原来还有牌坊，现只留下灰砂和石柱残片，文官、马、羊等石像也缺了头部。该墓葬规格高，规模大，版筑精工，石像传神，曾多次被盗，又因年久失修，较为残破。现为广州市萝岗区（现并入黄埔区）文物保护单位。

翻阅史书，《湛甘泉先生文集》《王阳明全集》和《沙堤湛氏族谱》都有记载，王阳明曾为湛怡庵撰题过《赠翰林院编修湛公墓表》碑文。

湛怡庵墓文官、武官石像（湛汝松摄于2011年11月30日）

王阳明，本名守仁，字伯安，浙江余姚人。明代著名的思想家、文学家、哲学家和军事家，历任刑部主事、贵州龙场驿丞、庐陵知县、右佥都御史、南赣巡抚、两广总督、南京兵部尚书和都察院左都御史等职。与湛若水共同倡明心学，被史学界称之为“王湛之学”。虽然两人学术

湛怡庵墓马、羊、狗石俑（湛汝松摄于2011年11月30日）

湛怡庵墓（湛伟健摄于2017年11月18日）

王阳明撰写的湛怡庵墓表拓印件（黄埔区博物馆2018年初拓印并提供）

主张有所不同，但因和而不同，结成生死之交。

2011年11月30日，笔者与为重编《认识王阳明》一书专程来粤寻找王阳明遗迹的人员到墓地考察，惊奇地发现，湛怡庵墓堂左侧，有一块与墓园浑然一体的白石墓表。墓表上面铭刻的正是明正德六年（1511），王阳明为湛怡庵撰写并手书的《赠翰林院编修湛公墓表》碑文。

当时，笔者拜谒怡庵墓时，见到历经500载的墓葬虽然因年深岁久、风雨侵蚀显得十分残破，坟头及一些墓壁已毁，石像也残缺不全，被置于蓬乱的荒草中，但王阳明撰写并手书的阴刻墓表仍完整无缺地镶嵌在墓前，字迹仍依稀可辨，这实在是个奇迹。谁料近年曾发生盗墓，盗墓者凿开墓表进入墓中，白石墓表被弃于墓外杂草丛中。黄埔区文物管理部门发现后，为了避免石刻被损坏或被盗，已将其运回黄埔区博物馆暂时存放。

王阳明撰《赠翰林院编修湛公墓表》（选自黎业明《湛若水年谱》）：

呜呼！圣学晦而中行之士鲜矣。世方奔阿为工，方特为厉。纷纵倒置，孰定是非之归哉？盖公冶长在缧绁之中，仲尼明非其罪；匡章通国称不孝，孟子辩之；夫然后在所礼貌焉。刚狷振砺之士，独行违俗，为世所娼嫉，卒以倾废踣堕，又浼以非其罪者，可胜道哉！予读怡庵志而悲之。怡庵湛公（瑛）者，广之增城人。介直方严，刻行砥俗，乡之善良咸服信取则，倚以扶弱御侮。然不辞色少贷人，面斥人过恶，至无所容。狡狯之徒，动见矫拂，嫉视如仇，聚谋必覆公于恶，毋使抗吾为。公直行其心，不顾，竟为所构诬。愤，发病以死。公既死，其徒恶益行。乡之人遂皆谓："湛公行义，顾报戾其施，而恶者自若，吾侪何以善为？"后十余年，为奸者贯盈；翦灭浸尽。而公子若水，求濂洛之学，为世名儒，举进士，官国史编修。推原寻绎，公德益用表著。朝廷赠官如子，日显赫竦耀。乡人相与追嗟慕叹："为善之报何如？向特未定耳。"呜呼！古有狷介特行之士，直志犯众恶，之死靡悔，湛公殆其人，非耶？向使得志立朝，当大节，其肯俛首为奸人仆役、响濡喘息以蕲缓须臾死？其不能矣。夫脂韦佞悦，亦何能缓急有毫毛之赖？为国者当何取哉？予悲斯人之不遇，而因重有所感也。昔者君子显微阐幽，以明世、警瞶、信暴者，无庸扬矣。彼悫然就抑，蒙溷垢而弗雪，共可以无表而出之？

王阳明撰题的墓表局部（湛汝松摄于2011年11月30日）

四、湛若水母陈氏太孺人墓

《沙堤湛氏族谱》中的湛母墓绘图

广州市增城经济技术开发区内，有条南北走向的香山大道，香山大道与广惠高速路交会处下边有条东西走向的创誉路，创誉路南边，博创机械公司西边有座被围墙围着的小山，这座小山就是增城区新塘镇塘美村关东圃自然村的厅山。规模宏大的明代湛氏家族墓群，就在这座小山上。

湛氏家族墓群有四座坐北朝南的明代古墓，湛若水母亲陈氏太孺人墓居左，右后边并排着的另外三座湛氏家族墓葬分别是萧氏、关氏安人合葬墓，慈淑湛母陈氏、崔氏安人合葬墓，诰封宜人湛祖母李氏墓。增城经济技术开发区建设时，为保护文物，在墓群周边新筑了围墙，围墙内占地25亩（约1.67万平方米）。

现为增城区文物保护单位的湛母陈氏太孺人墓始建于明正德十年（1515），坐北朝南稍偏东，灰砂结构的墓由墓道、月池、平台、享堂、坟头和护岭组成。宽12米，深76.5米，占地面积918平方米。由于年久失修，坟头及大部分墓墙已毁，但整体轮廓仍清晰。墓道上有花岗岩石雕文武官俑、马俑和羊俑各1对，每座石雕均用整块花岗岩石雕凿而成，造工精细，形象生动。2008年，湛氏族人在其墓前重立了“明六世妣湛母陈氏太孺人墓”碑。

湛母陈氏太孺人墓（湛伟健摄于2010年3月14日）

2014年9月，增城湛甘泉文化促进会将王阳明撰写的《湛贤母陈太孺人墓碑》一文，重新刻石，立于墓前。

湛母陈氏太孺人墓墓道的部分石俑（湛伟健摄于2010年3月14日）

明正德八年（1513），湛若水出使安南国（越南的古称）归来，顺路回乡奉母上京居住。正德十年正月，陈太夫人卒于京师，享年79岁。湛若水请假，扶柩南还，葬陈太夫人于荷塘之原（今增城经济技术开发区内）。扶柩南归路上，新任南京鸿胪寺卿王阳明为其迎吊于南京龙江关，归葬后，王阳明为湛母写下感人的碑文。为湛母撰写了墓碑或墓志铭的还有礼部侍郎林文俊、大学士杨廷和、山东提学副使戴冠和蒋冕等人。

湛母陈氏逝世十八年后，朝廷于嘉靖十二年（1533）诰赠湛母陈太夫人为二品夫人。

王阳明撰《湛贤母陈太孺人墓碑》（选自《增城沙堤湛氏族谱·卷二十八》艺文碑碣50页）：

湛子之母卒于京，归葬于增城。阳明子迎而吊诸龙江之浒已，湛子泣曰："若水之辱于吾子，盖人莫不闻。吾母没而子无一言，人将以病子。"阳明子曰："铭者，为之铭矣；表者，为之表矣。守仁何言！虽然，良亦无以纾吾情。吾闻太孺人之生七十有九，其在孀居者余四十年，端靖严洁如一日。既老，虽其至亲卑幼之请谒，见之未尝逾阈也，不亦贞乎！织麻舂粱，教其子以显，尝使从白沙学，曰：宁学圣人而不至也，不亦知乎！恤其庶姑与其庶叔，化厉为顺，抚孤与女，爱不违训，不亦慈乎！已膺封锡，禄养备至，而缟衣蔬食，不改其初，不亦俭乎！贞知慈俭，老而弥笃，不亦贤乎！请志其墓石曰："湛贤母之墓"。湛子泣拜而受之。既行，人曰：湛母之贤，信矣。若湛子之孝，则吾犹有疑焉。夫湛子始以其母之老，不试者十有三年是也。复出而取上第，为美官，则何居？母益老矣，又去其乡而迎养，既归复往，卒没于远旅，则何居？阳明子曰：是乌足以疑。湛子哉夫，湛子纯孝人也，事亲以老于畎亩，其志也；其出而仕，母命之也；其迎养之也，母欲之也；既归而复往，母泣而强之也。是能无从乎？无大拂于义，将东西南北之惟命。彼湛子者，亦岂以人之毁誉于外者，以易其爱亲之诚乎？曰：湛子而是，则湛母非欤？曰是乌足以非湛母矣！夫湛父之早世也，属其子曰：必以显吾世。故命之出者，行其夫之志也；就之养者，安其子之心也；往者勉其子之忠，以卒其夫之愿也。昔者孟母断机以励其子，盖不归者几年，君子不以孟子为失养，孟母为非训。今湛母之心亦若此，而湛子又未尝违乎养也。故湛母贤母也，湛子孝子也。然犹不免来世惑，吾虽欲无言也，可得乎？因并著其说于石。

五、西樵山湛甘泉寓墓

在林荫树密，溪水涓流的佛山市南海区西樵山九龙岩景区的青龙头上，有一个用中英日三种文字刻写的《青龙头》石铭牌，上面刻写着：

> 崖下巨石垒叠似龙头，眼、鼻俱肖，口中有小泉泻出。头顶有平台，筑有高米许，六角形的“明太史甘泉湛先生寓墓”，“文革”期间被毁。

这就是佛山市南海区西樵山九龙岩景区为湛甘泉寓墓留下的印记。

九龙岩青龙头上的湛甘泉寓墓，由南海人霍韬为当时任翰林院编修的甘泉先生湛若水所立。寓墓呈六角形，高约1米，砖石结构。墓中嵌着一块黑石碑，碑上刻着“明太史甘泉湛先生寓墓”。上款刻“正德庚辰十二月十二日”，下款刻“兀厓子吏部霍韬题”。

西樵山湛甘泉寓墓铭牌（湛汝松摄于2017年5月8日）

霍韬为什么会为湛若水立一座寓墓呢？霍韬，字渭先，始号兀厓，后更渭厓。明正德九年（1514）进士。无意立即进官场而因婚告归，读书于西樵山中。正德十二年（1517），湛若水母逝丁忧期满，不愿回京续职，以养病为由请假，携家隐居西樵山，接着在西樵山建云谷、大科书院，开坛讲学。两人在西樵山相遇，情投意合，湛若水喜爱西樵山之钟灵毓秀，霍韬敬重甘泉先生的精神。正德十五年（1520），当时34岁的霍韬便在西樵山林幽泉绕的青龙头上为55岁的甘泉先生修了寓墓。嘉靖二年（1523），霍韬以病为由，归西樵办四峰书院。该书院与湛若水所办的云谷、大科书院，方献夫所办的石泉书院合称为西樵山四大书院。

嘉靖元年（1522），霍韬被起用为兵部主事，继而历任詹事兼侍读学士、礼部右侍郎、礼部尚书等职。嘉靖十九年（1540），54岁的霍韬在礼部尚书职上暴病逝世，朝廷赠太子太保，谥文敏。74岁的湛若水为其撰写了《太子太保礼部尚书谥文敏霍公墓表》。

但是，嘉靖三十九年（1560），95岁的湛若水逝世时，却没有葬在西樵山的寓墓中而归葬于增城的天蚕山。虽然，霍韬为其所筑的寓墓已于“文革”期间被毁，但西樵山景区为了让人们记住这一史实，便在其遗址上立了铭牌。

第三章

书院精舍，遗迹弥芳

湛若水以兴学育贤为己任，所到之处，必建书院，他一生究竟建了多少书院呢?

湛若水弟子、著名地理学家罗洪先在撰写《湛甘泉先生墓表》中说湛甘泉先生“道德尊崇，四方风动，虽远蛮夷，皆知向慕，相从士三千九百有余。于其乡则有甘泉、独冈、莲洞馆谷；于增城、龙门则有明诚、龙潭馆谷；于羊城则有天关、小禺、白云、上塘、蒲涧馆谷；于南海之西樵则有大科、云谷、天阶馆谷；惠之罗浮则有朱明、青霞、天华馆谷；韶之曲江则有帽峰；英德则有清溪、灵泉馆谷；南都（今南京）则有新泉、同人、惠化馆谷；溧阳则有张公洞口甘泉馆谷；扬州则有城外行窝甘泉山馆谷；池州则有九华山中华馆谷；徽州则有福山、斗山馆谷；福建武夷则有六曲仙掌、一曲王湛会讲馆谷；湖南则有南岳、紫云馆谷”。

罗洪先列举的14个地方共31所书院，与后来明末清初著名学者屈大均在《广东新语》中关于湛若水书院的记载相同。当代学者、华南师范大学教授黄明喜在《甘泉与阳明》一书中则列举了35所湛若水书院，其中广东省的22所，外省的13所。名单中多了广州的白沙书院、合一书院，南海的玉泉精舍，同人馆谷。外地还有学者在地方志中发现了湛若水办的另外一些书院，表示湛若水的书院有40多所。

湛若水的书院，绝大部分是他筹建的，也有别人筹建他资助的，还有当地人筹建他去讲学的，目前还不能一一考证，加上年深岁久，历代多次毁书院，禁讲学，至今已没有完整的一间保存下来。本书只能通过历史的记载，去寻觅其遗踪。无奈又碍于笔者的见闻有限，不能逐一亲临考察，故只记述其中脉络比较清楚的21间，供读者以局部观全部了。

一、增城甘泉书院

地藏天设几千年，今有神明启震川。
大院豁然临大路，人间始信有壶天。

（《别后有怀甘泉洞兼呈同版筑诸君》之五）

今广州市增城图书馆门前西侧有幅大型书法作品。这是湛若水亲自为甘泉洞和甘泉书院撰写的七言绝句。

该七言绝句意为：这是一块地藏天设了几千年的风水宝地，被受到神明启迪的陈震川发现了，宽阔的甘泉书院面临豁然通畅的大路，人们若见了真会相信人间也有仙境啊！

湛若水为什么要写这首诗呢？

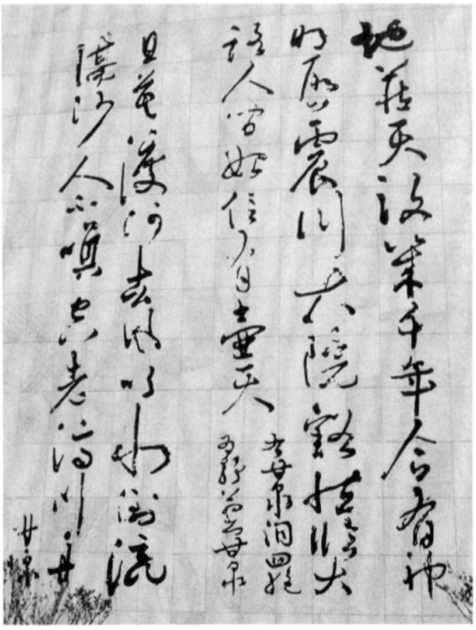

增城图书馆内的甘泉手迹（湛汝松摄）

今广州市增城区新塘镇内在明代时有个甘泉都，甘泉都西洲村松岭有个甘泉洞。甘泉洞有个泉眼，清冽甘甜的泉水长流不息，永不干枯。湛若水，初名“露”，生母陈氏是西洲村陈屋人，传说其因到甘泉洞祈祷而诞下露。湛露童年，“遭家多故”，家事艰辛，18岁时父亲去世。“伶仃孤苦”的露“自龆（换牙）时，随我家慈，爰避家难”（选自湛若水《祭外祖墓文》）。因此，童年的湛若水常到甘泉洞玩耍，饿了就吃山中野果，渴了就饮洞之甘泉。14岁始入小学，露中举后，避祖讳，改名为“雨”，中进士当年，再改名为“若水”，并取号为“甘泉”。

明嘉靖十五年（1536），71岁的湛若水从南京礼部尚书转任吏部尚书，三次上疏请求辞官均不允，便于冬季请假南归增城，继创办广州天关书院后，在筹建东樵罗浮山朱明洞书院和南樵南香山莲洞书院的同时，接受西洲乡贤陈志刚（字震川）的意见，在外祖乡西洲甘泉洞附近建一座书院，以方便甘泉都沙村、水南、夏埔、东洲、西洲、白江等村民子弟读书。定址于甘泉洞附近后，湛若水即拨款委托西洲村陈屋的父老乡亲主持建筑事务。回南京后，湛若水还写信了解书院建筑情况，并寄诗《别后有怀甘泉洞兼呈同版筑诸君》五首，今增城图书馆门前的诗歌，就是其中之五。

湛若水关于甘泉书院的五首诗不仅为书院描绘出理想的图景，而且字里行间充满对西洲村的热爱和为建筑书院付出心血与汗水之父老乡亲的感激之情。

周公谷是湛公裁，周公而上是谁开？
山石不知泉混混，乾坤古往又今来。

（《别后有怀甘泉洞兼呈同版筑诸君》之二）

历史在时光的隧道里不断穿行，万物在日月的流逝中自然沧桑，先贤走远了，书院湮弃了，甘泉洞也因采石被毁，然而，长流不息的甘泉仍在地下涓涓而流。当年周公谷里被湛若水规划建成的甘泉书院的物质形态虽然早已消失，而“乾坤古往又今来”，甘泉先生兴学

建于甘泉书院遗址上的新塘第三中学校园（湛汝松摄于2012年8月27日）

新塘第三中学校园内的甘泉井（湛汝松摄于2012年8月27日）

育贤的传统精神继续延伸。1988年秋天，一座全新的新塘第三中学就在当年甘泉书院的遗址上拔地而起，在传统文化甘泉玉液浸润过的土地上，又响起了琅琅书声。如今，新塘第三中学屡获奖励，已成为当地一所名校。

近年，学校扩建时，还意外发现了当年的地下甘泉，于是，学校当即在甘泉涌出处修了一口甘泉井，井旁的墙壁上还专门立了有关甘泉先生和甘泉书院简介的石刻。

二、增城读岗书院

建于读岗书院上的读岗公园（湛汝松摄于2007年10月28日）

广州市增城区新塘镇旧城区沙园街东头有个小巧玲珑的读岗公园。

读岗公园所在地古时是个石头小山岗，当地人称之为“石岭”，元代以前，人烟稀少，石岭只是东江口上一个单独露出水面的小石岗，故又名“独岗”。元大德年间（1297—

1307），广东道德庆路总管府治中、奉训大夫湛露乘船从福建莆田移居沙贝（新塘），从东华古渡上船后就首先登上这个石岭“独岗”。

读岗公园内元明遗址纪念石（湛汝松摄于2010年10月17日）

明代中期，湛氏族人在石岭建了“元明石室”，在石室开设书院，供子弟入学读书，故又称“独岗书院”。湛若水少年时家境不顺，明成化十五年（1479），14岁的湛若水才入读元明石室的“独岗书院”。可他勤奋用功，两年便入读乡学，接着又入广州府庠，27岁中举，40岁为进士，直至官及南京礼、吏、兵三部尚书。湛若水辞官后，念念不忘当年自己接受启蒙以及始祖湛露定居沙贝启达之地独岗，便将书院扩建重修。

明嘉靖二十三年（1544）五月十五日，《沙堤乡约》的创行仪式在独岗书院礼堂隆重举行。《沙堤乡约》是湛若水与他的学生、岳州通判致仕回乡的伍克刚共同发起，并有沙贝村14个不同姓氏代表参与制定的民间乡规民约。《沙堤乡约》在独岗书院公开宣布诞生，开创了沙贝人团结和谐、宗族联合以德治村的新篇章。

独岗书院扩建后，不仅是讲学育贤的场所，还是公众文化活动和文人墨客汇聚的地方。于是，乡人将原来单独的“独”改为读书的“读”，独岗书院改名为“读岗书院”，书院南边本来命名为独岗的村场也改称“读岗”。

从此，越来越多的沙贝村民子弟入学，崇文尚学之村风逐渐形成，通过科举获得功名的人更不断涌现，外界也把沙贝村誉为“礼义乡”。

抗日战争前，驻扎在新塘的国民党军队营长邵维深利用石岭读岗书院遗址，牵头集资，发动军民在石岭修了亭院廊阁，种了花草树木，然后设围墙

读岗公园一隅（湛汝松摄于2010年10月17日）

一圈，冠名“读岗公园”。不久，日本侵华，战争爆发，公园就只留下断壁残垣了。

中华人民共和国成立以后，石岭部分用于修建粮仓。“文革”期间，增城最大的露天阶梯会场——“万人会场”在石岭北麓建成。后来，人们又在会场后边修了游泳池。石岭范围变小了，山冈的形状也随之消失。20世纪80年代初，增城第一个镇级文化站——新塘文化站、增城第一个镇级公共图书馆——新塘图书馆先后设在石岭。接着，新塘革命英雄纪念碑建在冈顶，新塘中老年活动中心、新塘青少年活动中心和新塘书画社、新塘文学社、新塘曲艺社、新塘摄影协会、新塘盆景协会等群众文艺团体都陆续在这里设立。于是，人们又把“读岗公园”四个大字重新写在石岭的大门上。读岗书院遗址成了新塘文化的百花园，成为新塘镇群众文化活动的中心，小镇的文化盛事也从读岗书院遗址上的读岗公园传到四面八方。

2010年，一个包括图书馆、艺术中心等建筑物在内的现代文化中心在新塘镇新城区落成，读岗公园原有的一些文化项目也迁到新的文化中心，但是，读岗公园内“元明遗址”的石刻依然耸立，它昭示着这里是读岗书院的遗址，是新塘文化的历史丰碑。它的厚重，它的灵气，永远有令人心醉神往的魅力！

三、增城莲洞书院

粤中自古有三个鼎足而峙的名山，那就是屈大均在《广东新语》中说的“三樵”。东樵是增城与博罗交界的罗浮山，西樵是南海的西樵山，南樵就是今广州增城区南部的南香山。

南香山一隅（湛汝松摄于2009年4月24日）

南香山古称南樵，又名娥眉、南乡，湛若水创办的莲洞书院，就在当年的娥眉山上。

明嘉靖十五年（1536），时任南京吏部尚书的湛若水告假回到增城，筹备兴建娥眉山莲洞书院、沙贝甘泉书院、罗浮山朱明书院和扩建西樵山大科书院，以备告老还乡后轮流讲学。他看到娥眉山林幽泉碧时，认为这是个读书的圣地，为了选址和建筑莲洞书院，他几次上山，并写下诗三首及题书“湛子洞”。

凌晨巾我车，天宇极清廓。
闲从同心人，莲洞视兴作。
兴作夫何为，讲堂开正学。
正学谁同心，令尹与县博。
共结消遥游，散此无穷乐。
天路入虚无，地势千碧落。
三心浣飞泉，千仞书石壁。

遥望飞云峰，忆我朱明宅。
浩气穷八弦，聊丝奇鸿迹。

这首《诸友同游娥眉山莲花洞有作》诗，是嘉靖十五年（1536）十二月七日湛若水和增城知县文章、教谕汤仁、学生伍閶等人同上娥眉山为莲洞书院选址时对周边环境与其当下心境的形象写照。

湛若水办书院，总是要解囊为书院设立赡田、义田，以馆谷资助贫困学生，赡养四方学子。据《湛甘泉先生文集》卷十八《莲洞书馆赡田仓记》述，甘泉先生为了建筑莲洞书院和设立莲洞书院的赡田，几乎花费了近二十年的积蓄，其中开垦莲洞书院赡田的人工费，就用了白银一千五百两。莲洞书院所置赡田的规模，更排在湛若水所置的所有书院赡田之首。在扶贫助学的意义上，莲洞书院在中国教育史上，有着举足轻重的地位。

莲洞书院位于南樵山腹，山高路陡，学生背负粮食上山十分困难。湛若水经过调查，知道书院附近四村交界处有很多荒地，就想置下这些荒地开垦用作赡田。但由于很多荒地都无主，加上四村交邻，当地乡绅都觉得难以处理。于是，湛若水便派儿子柬之与学子代表一起向知县申请，承诺对开垦田地所获按一定比例纳税而终于获准把书院四周十多顷（1顷≈6.67万平方米）无主荒地纳入莲洞书院范畴，供书院开垦以作赡田、义田之用。经过数年开垦耕耘，馆谷越来越多，除了用于资助贫困与品学兼优的学生外，还用于修建院舍，改善排水系统。

莲洞书院的残石（湛汝松摄于2009年11月13日）

莲洞书院遗址附近的“湛子洞”石刻（湛汝松摄于2009年4月7日）

莲洞书院建成以后，湛若水经常在书院讲学。嘉靖二十二年（1543），门人周学心请工匠为甘泉先生塑造了一尊3.2米高的肖像，置于书院的大观堂上，于是，莲洞书院人气越来越旺，娥眉山腹书香越来越浓。可是，到了明末清初，莲洞书院却在兵匪之乱中荒废，逐渐只剩下断壁残墙掩隐在丛林荒野之中，只有当年湛若水题书的“湛子洞”石刻仍立于南香山上，成了现今增城最大的摩崖石刻。

然而，民间对莲洞书院仍十分向往与怀念，“九个门生十个中”的传说仍广泛流传于乡间：莲洞书院建成后，湛若水经常在书院讲学，莲花洞周围书香氤氲。有一年，莲洞书院九个学子参加县试，一个杂役随从。放榜之日，人们发现，莲洞书院竟有十人榜上有名。为何九个门生应试会有十人榜上有名呢？原来考试那天，平时经常在门外听课的杂役也随考生进场应考，想不到也一起中了秀才。民间传说不一定全是史实，但“九个门生十个中”的传说却寄寓着几百年来老百姓对莲洞书院的赞誉和向往。

2016年，增城区政府顺应群众的期盼，决定在南香山重建莲洞书院。目前，所在地永宁街道已编制好建设工程规划和完成立项，并于2017年底动工。不久的将来，作为历史博物馆和旅游景区的莲洞书院又将呈现在人们眼前。

四、增城明诚书院

广州市增城区荔城街凤凰山上有个凤凰亭，湛若水办的明诚书院原来就在凤凰亭附近的西廓巷内。

明正德八年（1513），湛若水出使安南国归途顺道回家乡，奉母上京。“时方治装北行”，在同乡举人伍克刚等建议下以白银五百两购置了增城千户杨政在县城凤凰山西麓西廓巷的住宅，用于建白沙精舍，以祀怀老师陈献章。陈献章（1428—1500），明代广东著名的思想家、教育家、书法家。字公甫，号石斋，晚号石翁，新会（今广东省江门市新会区）白沙里人，故世称白沙先生。正德十五年（1520）二月，增城新任知县朱文简到任，即造访白沙精舍并书匾“明诚书院”。湛若水告老还乡后，常到书院讲学。此时，门生张潮正好从建始县知县职上致仕回乡，湛若水便聘其主持明诚书院，诸生纷纷裹粮求学。

书院初期斋舍不多，嘉靖三十一年（1552），87岁的湛若水在知县的支持下又筹资把书院扩建到凤凰山西半山。扩建后的书院共三层，增建了瑞贤堂、观善堂、斋舍、庖厨和教师寝室，书院最高处是纪念老师陈白沙的席光亭，登上席光亭，城外的群山一览无余。

为什么要建席光亭？《湛甘泉先生文集》卷十八《重修明诚书院席光亭记》中详尽记述，湛若水还在《题席光亭》诗序中说：“先师白沙先生慕凤凰之胜，寄题诗有‘借我一席光’之句，遂得凤凰西坡建明诚书院，为亭其上，以奠先生神位，盖取诗语名曰‘席光亭’。”

吾师一席光，从谁借于是。
一声凤凰鸣，五色映天地。
此光师自光，何预他人事。
自性得自天，无借亦无匮。
不离一席间，天地万物备。

明诚书院重修，何止湛若水为其题诗，民间还传说，书院重修竣工时，湛若水设宴庆贺，也有人席间赋诗：

凤凰鸣矣明诚开，土木群工翕于来。
仓宰工房耆二老，殷勤合得酒鹅回。

书院扩大后，学子越来越多，湛若水还从莲洞书院赡田所收中，每年提取128石馆谷，以安养明诚书院诸生。

明末清初学者屈大均在《广东新语》载：“明诚书院在增城县城中，湛文简所建。堂上有《心性图》及文简所书《心性图说》，右隅有王文成所书五言古诗，今《阳明集》中，《书泉翁壁诗》是也。行书字大如拳，漫灭不可尽识。堂后石刻文简像，幞头执简，上有隶书《心性图说》。甘泉书院遍天下，此其发祥之地，故尤重云。”

明诚书院于清康熙年间（1662—1722）由知县蔡淑作过重修，乾隆初增城的乡绅也捐款作过重修，可惜，在日本侵华时还是毁于战火中，只有附近战后重建的“菊坡亭”仍立于凤凰山上。中华人民共和国成立后，“菊坡亭”改名为“凤凰亭”，凤凰山建成为公园，周围先后建了文化馆、图书馆、博物馆、电视大学等群众文化场所，后来又设了老干部活动中心。2014年8月13日晚，年久失修的凤凰亭在大雨中坍塌，2017年重建竣工后，经广泛征询意见，凤凰亭又改名为“菊坡亭”。

2017年，老干部活动中心迁址，增城区文联、侨联、妇联等群团组织迁到凤凰山办公。

2017年在原凤凰亭旧址上建起的菊坡亭（湛汝松摄于2017年12月11日）

五、广州天关书院

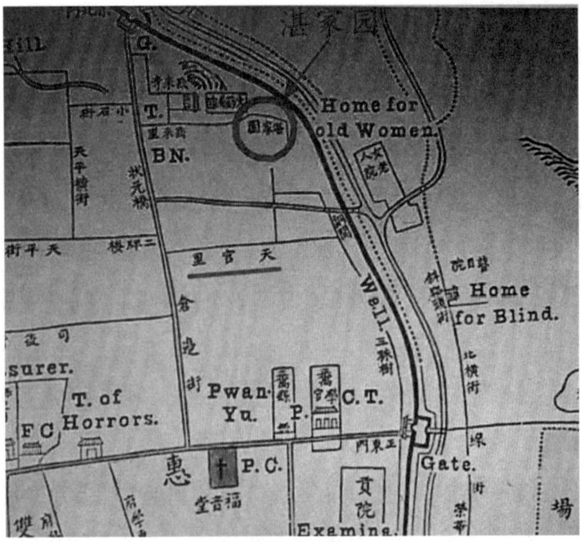

清咸丰年间广州地图上的湛家园与天官里

广州天关书院在今广州市越秀区法政路湛家大街附近。湛若水致仕前，已命家人在当时广州小北门郊外买下数十亩荒地。致仕后，他在荒地上建了湛家园。湛家园内，北边是他晚年起居憩息、聚儒会友的屋舍花园，南边是他设帐授徒的天关精舍，即天关书院。

湛若水在天关书院开坛讲学，羊城学者纷纷慕名而至，以能入湛若水门下为荣。嘉靖三十三年（1554），南海庞嵩从云南曲府致仕归来，便到天关书院拜湛若水为师。湛若水知庞嵩德才兼备，便让其主持书院，庞嵩掌管后，天关书院名声更大，众多年过古稀的老人纷纷前往拜师。第一个是好学不倦的吴藤川，他敬仰湛若水的道德学问，已77岁高龄仍请湛若水收他为弟子。湛若水被他的好学精神所感动，尊称他为“藤川丈人”，并赠予他一根亲手从南岳衡山带回来的四方竹手杖，手杖还刻有自己亲笔书写的铭文。铭文赞他“不知日之将暮”，祝他“步高一步”继续前行。

三年后，82岁的黎养真和81岁的黄慎斋又先后而至，天关书院又多了两位老学生，湛若水视学生如弟兄，把他俩与吴藤川称为“天关三皓”，并为其写下深情的诗篇：

养真慎斋与藤川，三皓同时及我门。
八十头颅事事真，老来赤子心还存。

湛甘泉与他的长者学生（李绍周雕塑并摄）

不久，天关书院又来了一位102岁的简姓老翁，当他以弟子之礼拜见湛若水时，湛若水连忙扶起这位百岁长者，并以上宾之礼接待。湛若水官至上卿，又是著名学者，对一个老布衣却谦让礼遇，实在难能可贵。一位画家见天关精舍“一堂之上，师生弟子皆庞眉鹤发，太古衣冠”，创作灵感蓦然而生，便把湛若水、庞嵩与四个耄耋学生切磋学问、共谈人生的动人情景绘成国画《师弟六皓图》。明末清初学者屈大均还以《师弟六皓》为题，把此事录入《广东新语》中。

庞嵩不负湛若水重托，湛若水辞世，他不仅主持丧事，为其墓壁题书“山斗八座，真儒千载；九十五年，全归不朽”，还在湛若水辞世后继续主持天关书院20年，每年都召集名人雅士在书院聚会一次，交流学问，畅谈人生，天关书院吟诵之声依然不断。清代道光年间（1821—1850），天关书院更是闻名遐迩，群星璀璨。当世名人张维屏、杨荣绪、黄培芳、谭莹、陈沣、冯询等都在书院留下深深的足迹。就连广东后来出现的私人书院，包括阮元创办的南海学堂、康有为创办的万木草堂等极负盛名的书院，从某种意义上也是天关书院精神的延续。

然而，这样一座在中国教育史上做出重要贡献的天关书院，却在第二次鸦片战争中与湛家园一起被英法侵略军的炮火毁灭。后来，湛家园遗址上逐渐建了民居，通了马路。人们为了纪念湛若水，便把他晚年居住的地方命名为“湛家大街”，天关书院遗址之处取名“天关里”。因湛若水当过尚书，当地居民又将“天关里”谐称为“天官里”，德政北路的天官后街，就因此而得名。

时至今日，广州城市建设日新月异，人们一时也难以准确判断当年天关书院在哪里，只有“天官后街”和“湛家大街”等门牌还能给人们留下一点关于天关书院的历史记忆。

六、广州白云书院

白云书院位于现广州市白云山摩星岭九龙泉景区，其前身为白云寺。清崔弼著《白云越秀二山合志》载，湛若水“得白云寺毁寺之基，以嘉靖二十九年立白云书院”。白云寺相传为南汉时僧人实性所建（一说宋代广州转运使陶定所建），选址在摩星岭下的白云洞，故名白云寺。白云寺是白云山海拔最高的寺庙，风景清幽，建筑雄伟，历史上因其集道、佛、儒三教而颇负盛名。明代正德年间（1506—1521），广东督学魏校兴儒学，毁淫祠（除朝廷所编纂的祀典里所记载的祠庙之外，未被祀典录入的祠庙皆为淫祠），同时禁止僧道参与祭祀，白云寺因此破落，寺僧欲售卖此庙。湛若水晚年居住广州，广建书院，在广州府别驾曾广翰斡旋下，湛若水买下寺庙。嘉靖二十九（1550）三月十日，湛若水与友人钟景星、郭肇乾、康时聘、三子涞之从天关出发，登览白云山，至白云寺，湛若水见此地缥缈清幽，高峻壮美，赞叹：“高矣！美哉！”决定将其改建为书院作为讲学之所。次年八月，书院建成，院前立山门、石坊，以后依次为云生门、倚云门、大道堂、遵道门，修讲舍五间，匾曰“尽存堂”，立孔圣四配像。坐堂五间，匾曰“坐进之堂”，为静坐读书的场所。院内有三棵橘树，枝结连理，花开时如明珠万颗，世称“三株树”，树龄逾百，湛若水称其为“山之祥瑞”。

湛若水极敬重老师陈白沙，《明史》称：“若水生平所至，必建书院以祀白沙。”白云书院建成后，在遵道门内建尊师祠，择吉日“恭塑师像于其中”。嘉靖三十年（1551）九月初一，湛若水率门人，向先师行释菜礼，并决定“凡每年水能赴云谷（书院）者，躬祀于云谷，白云止行释菜礼，水在白云者，躬祀于白云，而云谷止行释菜礼，著为定规”。释菜礼是中国古时重要祭师仪式之一，每月初一举行，在先师像前摆放四样物品，水芹代表学生，蔓菁代表才华，红枣寓意早立志，栗子代表敬畏之心。此四样物品虽简，却蕴含着湛若水对先师的崇敬之心和有志于学之志向。

嘉靖三十九年（1560）四月二十二日，湛若水在广州禺山精舍去世，享年95岁。因要等候朝廷赐葬的旨意，又要在其家乡天蚕山营造墓室，棺木在白云书院停放了三年六个月。嘉靖四十二年（1563）十月，朝廷遣广东左布政使杜拯前来祭奠，御祭后于十月二十五日归葬天蚕山。

白云书院遗址上建起的广州碑林（胡继芳摄于2017年11月19日）

清初，尚可喜统治广州后，大兴佛教，把白云书院复建为寺。抗日战争时期，白云寺被毁。1992年广州市政府在此新建了广州碑林，1994年对外开放。碑林内置放碑刻近三百通，收集了历代名士、现代诗人、书法家歌颂岭南风光、歌颂羊城、歌颂白云山的部分诗词和书法佳作，是欣赏岭南历史文化及进行文化艺术交流的好去处。白云寺现存遗迹为民国时期的一段双隅墙体，位于九龙泉正门外西侧，长11.3米，厚0.5米，高2.7米，以红砖和青砖一顺一丁式砌筑。

七、广州上塘书院

屈大均在《广东新语》中列举湛若水所办的精舍馆谷中，有一座是羊城（今广州老城区）的上塘馆谷，但其他佐证上塘书院的历史资料却无法查到，后来，翻阅《湛甘泉先生文集》，才在卷二十七湛若水的三首诗中了解到这段历史：

辛亥腊月十八日，初得上唐精舍之地于张氏，以上塘作上唐。盖有三唐焉，帝尧为上唐，李唐为中唐，若五代之唐斯为下矣。偶得三绝，以纪其胜。

白云洞口上唐村，似有唐尧旧俗存。
凿井耕田忘帝力，十家鸡犬共篱门。

万青一色拥柴门，九曲六流同绕村。
山水不知行客老，年年芳草游王孙。

马骹山如戏我前，双飞蝴蝶来青天。
一曲泬漻人不和，自歌自拍安期肩。

诗中可见，嘉靖辛亥年（1551）腊月十八，退休11年的湛若水见白云山下的上唐村山清水秀，民风淳朴，便购张氏之地在上唐建“上塘精舍”。后来，他从村中老人介绍中闻得村中有崔与之碑后，又喜赋另外一首。

上唐庄旧名盘龙山，村老云崔丞相有碑一通，喜而赋此。
丞相龙山片石悬，偶来卜筑定前缘。
云乡千里从徐孺，旷世相知五百年。

《题上唐庄崔丞相碑》

广州麓湖（胡继芳摄于2017年11月19日）

这些绝句引证了湛若水办上塘书院的史实。可惜，20世纪50年代，广州修建麓湖水库时，书院遗址已被水淹没。但一个86岁的老人，仍买地办书院育良贤，这种对教育事业之执着精神将永远感动后人。

八、西樵山大科书院

广东省佛山市南海区西樵山风景区内有个新建的大科书院景点，湛若水当年创办的大科书院就在今大科书院景点一带。

《西樵山志》中的大科书院旧址绘图

明正德八年（1513），湛若水奉命出使安南国归来途经南海西樵，到西樵云谷陈白沙祠拜祭其老师陈献章时，被西樵山之钟灵毓秀所深深吸引。母亲陈氏辞世，他从京城扶柩归家乡安葬，在家守墓三年。正德十二年（1517）其母逝丁忧期间，他不满朝廷宦官弄权，便以养病为由上疏请假，携家隐居西樵山中。卜居西樵后，他便在白沙祠所在地的云谷修建云谷精舍。此时，正在西樵大科山北边兴建石泉书院的方献夫将大科峰西北麓的烟霞洞推荐给湛若水。于是，他在弟子霍敦、陈谟、杨鸾等帮助下，将书院营建重心转移至烟霞洞。

昔予筑烟霞，遂买云谷田。
于兹创精舍，莫祠师明禋。

烟霞洞并非我们今天意义上的洞，而是四面环山的幽谷。此时，云谷精舍虽然也同步兴建，但其规模就不能与烟霞洞的大科书院相比了。

心无一物，天理见前，
何为天理？本科自然。
廓乎浑兮，四时行焉，
勿忘勿助，圣则同天。

甘泉先生作诗《大科书院示学者》之后，便发动学子，用石头建讲台，用树木建宿舍，建教学用的馆、堂。正德十四年（1519），有凝道堂、进修斋、敬义斋、寅宾馆等馆堂的大科书院建成后，学者名流云集，求学者纷纷远道而来，“山中大科之名，几与岳麓、白鹿鼎峙”。在大科书院里，湛若水不仅亲自制定《大科训规》《大科书堂训》，倡导“德业与举业合一”的教育宗旨，推行“自得创新、学贵知疑、循序渐进、知行并进”的教学方法，而且辟有学田，供师生躬耕，为中国教育史开创了崭新的篇章。学生吕柟，专门撰写了《大科书院记》，由石匠刻成石碑立于书院。

西樵山风景区内新建的大科书院景点（湛汝松摄于2017年9月25日）

2017年，西樵山风景区为纪念西樵理学名山500周年，新修建了大科书院景点。景点当眼处新立了一个石刻铭牌，铭牌内有原烟霞洞图和大科书院的介绍：

> 大科书院，在烟霞洞，今桃花园，明尚书湛若水筑。湛若水（1466—1560），字元明，号甘泉，广东增城人，著名理学家，与王阳明齐名。弘治十八年（1505）进士，历任南京礼、吏、兵部尚书。正德十二年（1517），湛若水入栖西樵山，同年烟霞隐居与大科书院落成。正德十四年（1519），因“四方学者纷至难容”，扩建大科书院，规模大具。书院主体建筑有凝道堂、进修斋、敬义斋、寅宾馆等；其后为湛若水栖息的烟霞隐居，有崇经楼、茹芝楼等建筑。湛若水在大科期间，创作了大量有代表性的著作，并广纳四方门人，使甘泉学派奠定了与阳明学派平分秋色的地位，一时大科书院几可与岳麓、白鹿洞书院齐名。万历七年（1579）张居正当政时，诏禁毁天下书院。万历九年（1581），大科书院被毁，其地废为茶畦。

今天，当年的大科书院虽然不见了，但甘泉教育思想与实践的精神遗产还在，他在大科书院的讲学语，已编录为《樵语》《新论》《知新后语》，撰编的《二礼经传测》《古大学测》《中庸测》《白沙子古诗教解》等著作一直流存于世，有如甘泉一样，滋润着儒学文化的土地。

新建大科书院景点的烟霞洞石刻图（湛汝松摄于2017年9月25日）

今大科书院景

西樵山大科书院遗存的烟霞井（湛汝松摄于2012年5月21日）

点前还有一口当年学子修筑的烟霞井，井旁边有一块介绍烟霞井的铭牌，上面写道：“井水清冽，汲之不竭。饮此井水，神志大开，才思敏捷。”短短几句，言简意赅，正是中华民族优秀传统文化之甘泉最恰当的寓意。

九、西樵山云谷书院

《西樵山志》中的云谷书院旧址绘图

明正德十年（1515）年初，湛若水母亲在京病逝，二月，湛若水丁忧，扶母灵柩南返增城甘泉都（新塘），七月，葬母陈太孺人于荷塘之原（新塘镇塘美村东埔厅山，今在增城开发区内）。

丁忧期未满，湛若水便与增城人尹凤一道于正德十二年（1517）八月，先返江门再入西樵云谷白沙祠拜祭老师白沙先生。在西樵云谷拜祭老师后，便卜居西

云谷村遗下的颓阶残墙（陈少文摄于2018年5月6日）

云谷书院遗下的残砖断石（陈少文摄于2018年5月6日）

樵，在白沙祠所在地云谷修建云谷精舍，以结庐讲学，记怀白沙先生。建筑期间，正在西樵大科山北边兴建石泉书院的方献夫将大科山西北麓的烟霞洞推荐给湛若水。于是，两个书院便同时兴建。

1992年版《西樵山志》记载："云谷书院位于南海西樵大科峰南，天峰之下。明正德丁丑年（1517），增城人湛若水建。院中有见泉楼，内为白沙祠，是湛氏祀奉他的老师陈献章的，内分存息、察伦两堂，西有二妙楼。书院侧有两道山泉流过，泻于云谷，叫左天泉和右天泉，建有左瀑亭和右瀑亭。由谷左折而上，即达云谷村。湛氏早期在此讲学，宣扬随处体认天理的学说，生朋联集，学风甚盛。该院毁于明万历年间。"

2018年5月6日，西樵诗社组织诗友在西樵山附近寻古迹时，来到云谷村遗址，只能见到云谷村及云谷书院的一些陈砖断石，颓阶残墙。

十、罗浮山朱明洞书院

朱明洞书院又称甘泉精舍，位于罗浮山朱明洞腹地。明弘治九年（1496），湛若水在江门陈白沙门下求学时，曾与同学李承箕等结伴到罗浮山游览，被其环境所吸引。离开广东上京到翰林院就任时，产生了在罗浮山建书院的念头，以实现自己讲学于名山之志。

朱明洞书院前的"朱明洞"石刻（湛汝松摄于2017年10月29日）

嘉靖十五年（1536）夏天，湛若水从南京礼部尚书转任吏部尚书，他第三次上疏请求辞官，但朝廷不允致仕，却批准他请假回乡休息。当年十一月二十六日，湛若水回到增城，为了实现曾经的理想，他立即组织了增城、东莞、博罗三地儒士在罗浮山聚会。二十七日，他一面偕同增城25位儒生和随员向罗浮山出发，并通知东莞学生钟景星带东莞儒士上山，一面让从南京刑部主事致仕回乡的师弟曾确，约请博罗地方官员、学子一齐云集。湛若水携三县学子云集罗浮山，博罗县的文武官员和冲虚观的道士都十分高兴。经过三天的考察、商议，他们决定于朱明洞西、冲虚观后边，虾蟆、玉女诸峰环绕的清幽至极之处筑朱明洞书院，并就建书院事宜做出明确分工：冲虚观栖霞道长承担组织人力清基，博罗武官张世武千总主管建设施工，博罗知县负责代买学田以维持书院的办学费用，师弟曾确负责具体督办，一切分工妥帖，湛若水才下山。嘉靖十六年（1537）冬，朱明洞书院正式开工，第二年秋天，书院竣工落成。

当时的朱明洞书院有前门、中堂，三进五间寝室，两廊八间房舍，四周建有围墙，还将山中泉水引入厨房，供师生饮用。从此，朱明洞书院便成为湛若水在罗浮山的重要讲学场所，他多年前的理想终于变成现实。

昔欲卜朱明，以为元明宅。
非为绝人境，远道迅所适。
凿石开院门，搴萝补石隙。

闲携二三子，来共教书册。
念此三十年，志愿会须得。

《罗浮四诗之四》就是湛若水当时写下的诗篇。

朱明洞书院遗址上的元帅楼（湛汝松摄于2017年10月29日）

朱明洞书院建成后，湛若水常到朱明洞讲学，使得不少名人雅士纷至沓来。罗浮山也逐渐成了名声远播的儒家理学名山。《罗浮山志》中为其门生立传的就有庞嵩、李时行、冼桂奇、钟景星、霍杰、王渐奎、洪垣、蒋信等人。

年深岁久，朱明洞书院一带成了罗浮山朱明洞景区，朱明洞书院也已湮废。20世纪50年代，书院遗址成了一个小院落。从“朱明洞”石刻旁的拱门进入，内有两幢中国与苏联混合建筑风格，简朴如民舍般的二层楼房，由于当年朱德、刘伯承、贺龙、陈毅、徐向前、叶剑英等元帅曾在此疗养过而得名“元帅楼”。

时至今日，简朴的元帅楼陈列着当年元帅们用过的实物，湛若水办书院前已有的“朱明洞”石刻至今仍立于院落前边。不知什么时候，有人在“朱明洞”左边加了“甘泉”两字，以致后人还以为石刻上的字是甘泉先生所题。

十一、罗浮山青霞书院和天华书院

青霞书院是湛若水致仕回乡后在罗浮山创办的又一座书院。

青霞书院不仅有书堂舍室，周遭亦有田园。书院建成后，湛若水得意门生、曾任广东巡抚御史的洪垣在温州知州卸职后即与同乡好友方灌到罗

今罗浮山黄龙洞景区（湛汝松摄于2011年2月23日）

浮山青霞建“二妙楼”，与湛若水一齐开堂论学。此后，博罗学子周垣（后中举，官至宁化知县，晚年著作甚丰）、南海冼桂奇（进士，官至工部主事）、番禺李时行（进士，官至南京兵部主事）等很多名儒雅士都到青霞书院与湛若水一同酬唱。可惜，书院在明末已废。有幸当朝不少知名学者为其留下诗篇，让今人知道青霞书院当时的名气甚高。现选其中两首如下：

客有罗浮君，羽衣行翩翩，
长揖谢世事，炼性三十春。
沆瀣不满口，貌如藐姑神。
问道广成子，空同高嶙峋。
挂瓢椅树枝，振舄天风门。
揭来吊延陵，晤言东海滨。
示我紫尸术，挺身入层云。
誓将结瑶华，引领长相亲。

（礼部员外郎郑善夫《青霞谷甘泉书舍》）

青霞谷中飘紫烟，谁其栖者甘泉仙。
云边放鹤啄瑶草，雨后呼龙耕玉田。
梅花不作翠羽梦，薤叶细写朱明篇。
冲虚昨雨自高枕，晚来同话羲皇年。

（南京国子监祭酒黄佐《青霞谷赠甘泉诗》）

湛若水在罗浮山黄龙洞还办了天华书院。据明崇祯本《博罗县志》的《书院》中记载，青霞书院和黄龙洞天华书院在明末已废。今黄龙洞一带寺观宏伟，成了罗浮山的主要游览区之一。

十二、英德灵泉书院

爱泉者黄生，开我甘泉亭。
甘泉与灵泉，同以天一清。

这是《泉翁大全集》中湛若水《观清溪灵泉书院刻崖石》中的四句诗，湛若水与灵泉书院和黄生究竟有什么故事呢？

明嘉靖十五年（1536）八月，时任南京吏部尚书的湛若水休假经池阳、九华山、韶州一路回家乡广东增城，九月二十二日路过英德清溪，受到门生黄绣、黄绪、黄宸热情款待，湛若水在三人的陪同下，登上凤凰山观赏潮水寺灵泉，湛若水对“异泉之胜”特别感兴趣，即兴赋《过清溪》一首，亲笔草书交予学生。

《过清溪》碑文（选自《湛甘泉文化研究系列》第三期封面）

湛若水十分欣赏凤凰山与灵泉秀色，希望学生能代其在此地建造书院，供讲学休憩之用。三位黄姓学生便按老师旨意，在凤凰山灵泉边建了灵泉书院。为了纪怀老师，他们还在灵泉之侧，书院之边，建了甘泉亭，请来石匠，刻制《过清溪》手书诗稿石碑，置于亭中。

嘉靖十九年（1540）湛若水致仕从南京回乡时，专门在清溪留宿，为书院书“超然堂”匾额和为甘泉亭书“观澜亭”匾额。此后，湛若水多次在此讲学，留下《息交辞》《九日与诸同志观清溪灵泉》《过洸口有序》《九思九歌有序》等九篇诗文。地方官员也不断在此加建扩建亭舍馆庐，灵泉书院的名气越来越大。但因年久失修，现今书院已不见遗迹，1958年，书院附近的潮水古寺也被拆毁。

出乎意料的是，2014年7月26日，沙口镇清溪村在清理潮水古寺的工地上，挖掘机司机在半山腰处挖掘出一块断成两截的草书石碑。经专家现场考证，这就是当年立在灵泉书院旁甘泉亭里的湛若水手书《过清溪》诗石刻碑。

十三、南京新泉书院

湛若水任南京国子监祭酒期间，曾与其门生史际（字恭甫）在南京原史府私塾堂（现南京电视台附近），办了所新泉书院。

明嘉靖四年（1525），湛若水60岁大寿之时，其30岁的新弟子、溧阳县绅士史际捐赠了学田、自家书舍和史府私塾堂，改建成新泉书院。

改建书院时，发现此处地下水源十分丰富，便砌了三口水井，供学员饮用。老子说“上善若水”。水，滋润万物，是生命之源；水，看似柔弱，却能把坚石滴穿。湛若水之名与甘泉之号皆与水有关，于是，书院之名便定为“新泉书院”。

新泉书院占地数顷，开馆后四方学子纷纷前来修习，很快成为了南京乃至全国有影响力的书院。嘉靖六年（1527），泰州学派创始人王艮专程来到南京，与湛若水、吕柟、邹守益、欧阳德聚讲于新泉书院，使新泉书院进入了巅峰时期。

湛若水去世后，新泉书院由其弟子史际接管，他在书院为甘泉先生和先前在自家史府私塾堂讲过学的阳明先生立了牌位，供弟子春秋奉祀。希望弟子将两位先生之学术融会在一起。隆庆五年（1571），史际逝世。万历初年，张居正禁书院，新泉书院被废弃。后来，遗址上建起了民居。

民国初期，新泉书院遗址分别是澡堂和私人住宅，后来建了鼎园，遗址大约在现在南京八宝前街46至50号一带。现有“宝新池”浴室和中国第二历史档案馆职工宿舍，后者有“南京市秦淮区不可移动文物”牌子。

十四、宜兴张公洞甘泉精舍

江苏宜兴城西南约22千米处有座孟峰山，相传唐代张果老曾在山麓隐居，故称张公洞，与张公洞毗邻的有玉泉池。

明嘉靖十五年（1536）冬，湛若水门生、溧阳人史际到宜兴游览山水胜迹时，听了同是湛若水门生的黄云淡（字仲通）、闻人诠（字邦正）介绍，便“蓄泉为池，盈池为流，流行为沟，筑屋于泉上”，在张公洞口建造了书院精舍，作为老师来此游居和讲学之用。书院前三间，内三间，后有寝室，四周有廊相连，玉泉之水门前环绕。建成后，寄书湛若水请为门匾题书，湛若水因事一时未应，溧阳县丞周懋便为书院题写了“甘泉精舍”门匾和“自然之堂”堂匾。嘉靖十七年（1538）冬，湛若水为其撰写并草书《甘泉精舍记》。嘉靖二十五年（1546），史际为《甘泉精舍记》撰跋，并雇请石匠何轩将甘泉手书的《甘泉精舍记》及史际所撰之跋摹镌成四面碑，立在甘泉精舍旁。“文革”期间，甘泉精舍和四面碑均被毁。

1993年，宜兴市园林旅游管理局为做好张公洞旅游环境，利用本地档案局收藏的原碑拓片，重建了甘泉亭，湛若水草书的《甘泉精舍记》和史际的跋重新以四面碑形式展示。（碑文内容请参阅本书第五章之宜兴张公洞甘泉碑）

新建的甘泉亭（选自《湛甘泉文化研究系列》第六期）

十五、扬州甘泉书院

扬州市广陵路248号有座有400多年历史的梅花书院，这座书院最初就是扬州贡生葛涧等人于明嘉靖七年（1528）为其老师湛若水在甘泉山广储门外修建的甘泉书院。

湛若水的门生吕柟在《甘泉行窝记》载：“丁亥（1527）冬，先生以大司成考绩北上，道出维扬，其门人不期而至者五十人，居一日秉贽而谒者又几十人，先生乐之，有至止之意焉。车且起，有葛涧者请立会友约。后而来者益众，涧乃谋于诸友，选地于城东一里，承甘泉山之脉创行窝焉。曰‘此可以聚同志之士讲先生之道也’。”

葛涧等人于嘉靖七年建成的讲学场所初名为“甘泉行窝”，后经巡盐

清代在甘泉书院遗址上建筑的扬州梅花书院（王喜根提供）

梅花书院正门（王喜根提供）

御史朱廷立和徐九皋、陈蕙、洪垣、提学御史闻人诠、知府侯秩、刘宗仁、知县王惟贤等相继修拓，洪垣便将其改名“甘泉书馆”，后又称为“甘泉书院”，期间可谓扬州书院盛世。后来，朝廷下令闭毁书院，甘泉书院于嘉靖三十七年（1558）被废。

万历二十年（1592），知府吴秀将甘泉书院旧址称为“平山别墅”，并堆土植梅花而成梅花岭。万历二十三年（1595），巡按御史牛应元将其改名为“崇雅书院”。清雍正十二年（1734），扬州府同知刘重选与大盐商马曰琯之子在原址改办梅花书院。乾隆初年，曾复名“甘泉书院”，可不久又恢复“梅花书院”之称。此后，书院先后于光绪三十四年（1908）改为两淮师范学堂，1912年改为江苏省立第五师范学校，1914年第五师范学校迁址后改办梅花小学，1972年改为扬州七中，1980年改办扬州职业技术学校，1990年将梅花书院房屋长廊以原貌翻新，并在校门口挂上清同治五年（1866）著名书画家吴让之书的“梅花书院”石雕门额。2010年8月，经过再次重修，位于扬州广陵路248号的梅花书院以古色古香的面貌向市民开放。2011年，江苏省人民政府公布清代在甘泉书院遗址上建筑的梅花书院为江苏省文物保护单位。

十六、九华山甘泉书院

走进九华山佛国大门，从祇园寺左边登山至老虎洞景点的途中，曾有一座甘泉茅篷，那里就是明嘉靖年间湛若水等人创办的甘泉书院遗址。现茅篷已拆去，正在原址附近建设一座新的甘泉书院和甘泉禅寺。

九华山甘泉书院，又名中华馆谷，在安徽池州府九华山上。据《九华山志》吕柟的《甘泉书院记》记载，该书院建于嘉靖六至七年间（1527—1528），是甘泉先生安徽青阳县的弟子施宗道、江学曾及柯乔等策划建造的。

明嘉靖年间，湛若水任职于南京，经常聚众讲学。嘉靖四年（1525），安徽青阳籍门生江学曾、施宗道，到南京受学于甘泉，在与甘泉先生谈及九华山佛国风光的时候，知“先生飘然有往之意”，两人当即表示愿建一座书院，等候先生到来传道解惑。同是青阳籍门生柯乔知道这事后，也希望一起参与建书院等候先生到九华山讲学。嘉靖六年（1527），青阳邑尹祝增，从京城回来，途中拜见了甘泉，知道甘泉先生有意到九华山建书院讲学后，也有意支持。于是，他们在化城寺东、摩空岭下、伏虎洞西南选定了一块地准备营建，甘泉闻知甚喜，但不久甘泉先生因升迁忙于公务，加上好友王阳明逝世，长子东之又卒，无暇亲临顾及此事。不过，他仍然不忘在九华山建书院的事。“神物贵变化，九仞安可停？”他不仅写诗鼓励告诫，而且先后两次派人了解筹建情况。

嘉靖十三年（1534）春，督学闻人诠同巡按虞守愚上九华山祀奠王阳明祠，池州侯太守借机向他们禀报了甘泉先生有意来九华之事，两位大人便同意在已选之址构建讲堂斋舍，并命名为“甘泉书院”。随同的池州同知任柱，当即愿意捐金，合计买田二十亩，资助书院的开支费用。于是，在私人出资、官方出面的情况下，一座有讲堂、斋舍、三进深的甘泉书院终于建成了。

甘泉书院建成后，湛若水撰写了《寄题九华山书院》：

> 九华山甘泉书院在书堂记之址，与阳明书院相上下。门人江学曾诸生既不得于五谷者之所，改图池守侯君缄、贰守任君柱之所请，前御史柯君乔之所赞，督学闻人君诠、巡按虞君守愚之所定，卜而创置，以为甘泉子他时归隐之所憩息，而与诸生之所讲习之地者也。余欲拂衣以往而未能也，聊作诗寄意神游焉。
>
> 昔年阳明子，为我说九华。夜夜梦此山，令我胸嵯峨。
>
> 九华同一根，是为太极门。得意何必登，神游九有全。

两君开两堂，二侯为赞襄。下上如生平，千载同徜徉。
堂在化城外，九华于兹会。甘泉出堂前，堂胜益可爱。
诸贤若爱泉，人人有真源。自酌乃自得，且勿信吾言。

（此诗载于《甘泉先生两都风咏》卷二十页）

湛若水的《寄题九华山书院》，道出了创办甘泉书院的过程。

嘉靖十五年（1536）八月二十三日，时任南京吏部尚书的湛若水携扬州、浙江、广东、福州、徽州等地门生一道来九华山，宿住于甘泉书院。此时，池州众多学子已在书院迎候，准备聆听先生开讲。据说，甘泉先生以《论语》中“古之学者为己，今之学者为人”为题做了精彩演讲，并写出文字讲章，供人传诵。从此，甘泉书院成了文人雅士聚会之地，《九华山甘泉书院讲章》也被收入《湛甘泉先生文集》中。可惜，书院于明末失修而荒废，只剩湛若水用茅龙笔题书的阴文石刻“甘泉石”仍立于山野之中。

“甘泉石”石刻（柯宏胜摄于2017年10月28日）

今甘泉石的东侧，有一片竹林环绕的茶园，那就是甘泉书院的遗址。20世纪80年代，人们为了缅

建设中的九华山甘泉景区（柯宏胜摄于2017年10月28日）

怀甘泉先生，在遗址上重建了一间占地仅十多平方米的房子，并挂上“甘泉书院”的牌子，由于房子十分简陋，来朝拜的百姓俗称其为“甘泉茅篷”。

近年，九华山管理部门已制订并开始实施包括甘泉书院、甘泉禅寺和甘泉桥项目在内的“九华山甘泉茅篷环境整治方案”，建成后，甘泉书院将会成为九华山一个传统文化特色景区。

十七、婺源福山书院

福山书院位于距古徽州婺源县南四十五里（1里＝500米）的福山（今江西省婺源县中云乡福山）。明嘉靖十六年（1537），湛若水门人创建福山精舍。湛若水经常在此讲学，慕名而来的学者甚众。湛若水在此讲学的《福山书堂讲章》，仍载于《泉翁大全集》卷三十一。书院左侧，有总灵洞，湛若水经常带门生在此讲学，谈经论道，并大书“总灵”二字，由工匠镌刻于洞壁。清乾隆三十六年（1771），书院扩建，扩建后的书院有讲堂和11所书舍、60间房，后有朱子祠。清咸丰七年（1857），书院受损于兵火后，仅存中间和西边学舍、1所讲堂及后边朱子祠。同治三年（1864），复建西边学舍5间。民国年间，又重废。现遗址上瓦石全无，附近有散落的文武官石像，其中武俑头身分离，村民认为是书院的遗物，将其搬回村中。

湛若水对福山书院记怀深切，曾在此写下不少诗文，现录诗《至福山书堂示诸学子诗有序》，以证史实。

福山书堂者，婺源学子诸生与乡义士之所建，以为文会之地。邑大夫吴君且作兴之，时甘泉子过而讲焉，为体诗以喜之。

趣程访先贤，迤逦寻福山。
灵境惬素心，恍疑梦寐间。
奇秀万交目，吾心一以闲。
问心何以闲，万有性不在。
所性如兼存，万物同浑然。

一石砺心确，一花应心妍。
有鸟对关关，有泉同涓涓。
风云恒变化，我心自存存。
为语山中人，诣道以我观。

十八、徽州斗山书院

斗山书院位于今安徽省黄山市歙县徽城镇，这是当年徽州府治所在地，斗山书院就在府东城斗山之巅。清道光《徽州府志》卷三《营建志·学校》载："斗山书院，元明间歙人姚琏、唐仲等作精舍讲学。嘉靖十年（1531），知府冯世雍葺为书院。万历十九年（1591），许国、凌琩重建。湛若水曾讲学于此。"书院后经多次重修，可惜的是年深岁久，斗山书院已在自然中湮灭。只有散落在遗址上的残砖碎石，在草丛中诉说着历史的沧桑。

徽州人非常崇敬湛若水，斗山书院建成后，将湛若水为西樵山大科书院制订的训规刻于书院壁上。湛若水大加赞许，并于嘉靖十五年（1536）中秋之日撰《跋斗山书院所刻训规》。次年，湛若水到书院讲学。《斗山书堂讲章》被收入《泉翁大全集》和《湛甘泉先生文集》。

此外，湛若水还撰写了《宿斗山书院诗》和序，门生也将其刻于书院墙壁，由此，我们可见湛若水与斗山书院的关系与感情。

斗山书院，歙诸学子所建，为文会之地也，且以俟甘泉子，谒文公庙庭于婺源，过而讲焉。郡侯三石冯子实作兴之，为作此诗于壁，以诏来者。

频年瞻北极，今夜宿斗山。
缥缈入飞磴，超然出人寰。
群峰绕列宿，宛在天中间。
居中以应外，比如我心然。
经纬皆文章，后地与先天。

山鸟不尽宣，山花不尽妍。
惟以反求心，圣功收大全。

（《宿斗山书院诗》）

十九、徽州天泉书院

逍遥访名山，早晚至天泉。
天泉夫何如，天一为之源。
天以一而清，泉以一而灵。
物以一而生，心以一而明。
明者天之德，三才同一极。
自德还自昭，天然绝人力。
此泉君自酌，自酌还自得。
中味鲜能知，人莫不饮食。

这是载于《泉翁大全集》中湛若水的《题天泉书院壁示诸同志》，湛若水诗里的天泉书院，就是当时徽州齐云山的天泉书院。

天泉书院位于今安徽省黄山市休宁县的齐云山，据清道光《徽州府志》卷三《营建志·学校》记载："天泉书院，地处休宁歧山石桥岩之左。明嘉靖年间，冯三石建，湛若水讲学于此。"《湛甘泉先生文集》收录了《天泉书堂讲章》，体现讲章主要内容的《心性图说》，还被刻于书院岩洞之壁，书院附

齐云山上石桥岩（选自《湛甘泉文化研究系列丛书》第八期）

《题天泉书院壁示诸同志》诗碑碎片（湛柱辉摄于2016年9月）

近的摩崖处，还镌刻有甘泉先生题书的“晞阳岩”几个大字。可惜，天泉书院却毁于清代道光至咸丰年间的兵燹。2016年9月，湛若水家乡的增城甘泉文化促进会会长等人到休宁考察，只见天泉书院遗址处一派荒凉，幸而“晞阳岩　泉翁”几个蓝色的大字，仍显示在十几米高的红砂岩峭壁上。继而，他们又在石桥岩附近的野草丛中发现石刻碎片，其中几块还有“湛若水”的字样，经拼凑对照，发现这就是甘泉先生草书的《题天泉书院壁示诸同志》诗碑的碎片。

二十、祁门神交精舍

安徽省黄山市祁门县的旸坑（古名旸源）村是个古代科举名村，小小一个村竟出了10个举人、7个进士。明清时期，书院、书舍、书屋、书馆之类的学习场所就有21家，神交精舍就是其中之一。

湛若水在南京任职期间，经常到附近讲学。嘉靖十六年（1537），时任南京吏部尚书的湛若水应邀到旸源讲学，产生轰动效应。嘉靖二十一年（1542），湛若水弟子谢显（字惟仁）联合族人，在家乡旸源创办了全交馆，湛若水曾应邀为该馆撰过铭文。嘉靖三十一年（1552）腊月，谢显委托谢慎德等三人从旸源村出发，跋涉四千余里，到广州天关书院拜谒甘泉先生，汇报书馆情况，请求老师指教。湛若水高度赞扬谢氏“四方同志”共办书院的精神，建议将全交馆更名为“神交精舍”，并捐助二十两白银，同时，湛若水还为其撰写了《祁门神交精舍记》。

时光匆匆，物换星移。2016年9月，旸坑村谢氏后人陪同增城甘泉文化促进会人士前往神交精舍遗址寻访时，只见该地草木茂盛，书院已无迹可寻，只有《湛甘泉先生文集》《祁门县志》等文献典籍，还留下历史的篇章。

二十一、衡山紫云书院

湖南衡山岳云中学景致幽美的校园内，有一幢青砖双层的岳云校友楼，校友楼前，一块长方形黑底绿字匾额，上书“紫云书院”四个大字，这就是明嘉靖年间创办的甘泉书院旧址。

南岳衡山紫云峰下，自南宋以来就是文人雅聚、授徒讲学的地方，文化积淀深厚。明嘉靖二十三年（1544）九月，79岁的湛若水应湘西武陵门生、贵州提学副使蒋信的邀约，偕弟子骆尧知、周荣朱、黄云淡三人游南岳衡山。南岳旖旎的风光，给湛若水留下了难忘的印象。当他看到紫云峰下、文定书院旁的衡岳寺废址四周幽清雅静时，便出资购置田产，在门生的帮助下，仅用了两个月的时间便建起了精舍，精舍之上，又建陈白沙祠。

岳云中学保存着紫云书院石额的小楼（湛灿辉摄于2018年6月1日）

甘泉精舍就是湛若水开堂讲学的甘泉书院，甘泉精舍不仅有门坊、讲堂、宿舍，讲堂中有《心性图说》等书刻，而且配置了赡田。由于其建于紫云峰下，故又称“紫云书院”。

遥遥起天柱，巍巍南台下。
于兹结云松，以卜我精舍。
芳邻接五峰，神明见中夜。
诸子来端居，无玩亦无舍。

以上的《卜筑诗》就是湛若水当时写下的诗篇。紫云书院开堂以后，湛若水结识了衡阳众多学者儒生，趁讲学之余，一起游览南岳风光，并写下《游南岳记》。数月之后，湛若水回广东时便把书院委托给蒋信和衡山学子管理，四方学子纷至沓来，影响十分广泛，湛若水更是时时惦记着紫云书院。

拓印中的甘泉像和《心性图说》石碑（湛灿辉摄于2018年6月1日）

嘉靖三十六年（1557），92岁高龄的湛若水又一次重返南岳，登上祝融峰之巅。此次赴南岳，他一边讲学，一边重修14年前建的紫云书院，其间写下不少诗文。他在《重修南岳甘泉书院记》中说：“嘉靖甲辰之冬，甘泉子积四十年之念，登南岳于天柱之峰，南台之下得废地一方，于紫云之洞……乃图心性之堂,以为讲地，乃立息存之堂以为寝室，乃肇先师之祠以系景仰，不六旬而成，今三月二十日，又筑祝圣台于紫云之颠，以尊朝

紫云书院遗址上的甘泉亭（湛灿辉摄于2018年6月1日）

廷，不三日而成。迄今十三年，人曰书院将废矣!”人们见他年过九旬，仍要重修书院，无不为之感动。门生詹濂，为他刻石像，石像上还刻有《心性图说》，置于书院之中。

清光绪三十三年（1907），岳云中学在长沙创立。30年后，岳云中学第六任校长何炳麟决定迁校到衡山，在文化沉淀深厚的南岳甘泉书院和文定书院故址上建筑新的校舍。岳云中学自创办以来，桃李满园，人才辈出，校长何炳麟也传承了湛若水的办学血脉，献出家产办学，任校长50余年，培养出大批杰出人才。

今岳云中学校园内，紫云书院的廊庑还在岳云校友楼内，附近还有经过重修的甘泉亭，亭子不远处，还竖着甘泉先生的石刻像碑，碑上镌刻着他撰著的《心性图说》全文。

第四章

山水楼台，长流印记

一、新塘四望岗

广州市增城区新塘镇有个小山岗叫四望岗，虽然它太小以致地图上都找不见，高不过百米，但却因为湛若水而名上经典，誉及粤中。

明末清初屈大均在《广东新语》中道：粤中“荔枝以增城沙贝所产为最”。沙贝，就是今天新塘的故名，清乾隆年间《增城县志》载：“粤中荔枝以增城沙贝四望岗所产为最。”

四望岗的荔枝在清代享誉盛名，来由还得从明代说起。明代嘉靖年间，官至南京礼、吏、兵三部尚书的湛若水在福建仙游枫亭品尝荔枝时，发现了一个优良的品种，便怀核而归，让乡人在四望岗上培育。经过一代又一代乡人的精心栽培，四望岗一带很快就成了一望无际的荔枝林。沙贝的山冈土岭、基围田埂，处处都是荔枝，出现了“家种荔枝三百

四望岗公园石刻（湛汝松摄于2016年4月10日）

树，年年果熟问收成”“凤卵龙丸多似谷，村村箫鼓庆丰年”（出自清朝谭莹《岭南荔枝词》）的兴旺景象。四望岗培植出来的荔枝清甜多汁，高产易种，很快被推广至岭南各地。此后人们为了纪念尚书湛若水“怀核而归”，就把这种荔枝称作“尚书怀”。“六月增城百品佳，居人只贩尚书怀。玉栏金井殊无价，换尽蛮娘翡翠钗。”（明末清初诗人屈大均《广州荔枝词》）四望岗“尚书怀”出名了，新塘不但成了远近闻名的荔枝产地、荔枝集市，而且作为珠江三角洲商品集散地也从此崭露头角。

“不须夸署尚书衔，怀核归来味共参。此是白沙真种子，甘泉浸得水枝甘。”清代乾隆年间两广总督阮元的《岭南荔枝词》一出，“尚书怀”不再挂上尚书的头衔，简称为“怀枝”，于是，怀枝很快便成了岭南荔枝种植最普遍的品种。

四望岗不但哺育出荔枝的大众品牌“怀枝”，而且还哺育出荔枝的稀世珍品“挂绿”。清代同治《增城县志》记载，增城“邑南八十里甘泉都沙贝

四望岗顶四望阁（湛汝松摄于2016年4月10日）

四望岗上植荔枝十数，本名挂绿”。一代接一代的新塘人，在四望岗的土地上辛勤耕耘，用自己的心血和四望岗的乳汁，终于哺育出人间的仙果。

“林中丹荔尽，尚有火山枝。欲问新塘去，频乘挂绿时。”“有物于此，合英挺淑。岭海之珍，离支之族……与维岗四望，维时三伏，厥根斯繁，厥实斯熟。”

为四望岗、为新塘荔枝大唱赞歌的又何止明末清初著名诗人屈大均和增城知县管一清呢？清嘉庆年间（1796—1820）番禺崔弼更说，“挂绿出增城沙贝，荔中第一品也”。从此挂绿身价一跃百倍，增城也成了闻名中外的荔枝之乡。

清代崔弼在《珍帚编诗集注》中述：“广州荔枝以挂绿为上，增城大墩、沙贝诸村所在多有。开花时，长吏使标志之，岁畏其扰，斧之无遗类矣。”清初，新塘有产业的族群都会从宗产中拿出部分钱财，资助族人在四望岗种植荔枝，因此荔枝发展很快。初时，荔熟时节，果农总会邀请一些族亲世叔共尝岭南佳果。后来，四望岗荔枝已誉满岭南，挂绿成了珍品，达官贵人都把品尝四望岗荔枝视为荣耀之事，并用荔枝馈赠亲友、奉承上司。每年荔枝才开花，官府就派差役到荔枝林看花圈树，象征性地付点定金。荔枝一熟，官吏就会带人鱼贯而来，果农不但要向他们进贡荔枝，还要宴请吃喝。年复一年，定金越付越少，圈树越圈越多，来人越来越多，树上的荔枝摘光了，祠堂的积蓄花光了，到后来还要挨家挨户去筹钱。为了免受祸害，果农们忍痛砍掉挂绿，幸好他们曾在挂绿上驳接过很多新苗，移到各地种植，要不然就没有今天的稀世奇珍增城挂绿了。四望岗没有挂绿，可还有其他荔枝，官吏的掠夺依旧不止，祖辈们连其他荔枝树也砍伐了。嘉庆以后，这种现象更变本加厉，因此四望岗的荔枝越来越少。到了日军侵华时，由于煤炭短缺而新塘又靠近铁路，日军便以荔枝木代替煤炭作为火车的燃料，四望岗荔枝遭到毁灭性的砍伐，四望岗从此变得荒凉空寂。

改革开放的春风使沉寂了数十年的四望岗重新焕发青春，1988年初，增城县新塘工业加工区诞生了。四望岗下的丘陵地带，成了工业加工区开发的第一块土地。四望岗终于走出了荒凉与寂寥的尘封，脱胎换骨地进入另一个春天。

20世纪80年代初，四望岗山下的新塘人从香港引进第一间牛仔服装厂，

四望岗山门（湛汝松摄于2016年7月6日）

建设中的甘泉馆（湛汝松摄于2016年7月6日）

这就是牛仔服装的种子，它像400多年前的荔枝种子一样，在四望岗脚下的土地发芽繁衍。经过了20多年的辛勤耕耘，终于使当年著名的荔枝产地，成了全国最大的牛仔服装生产基地。2002年底，全国最大的牛仔服装城在有过辉煌历史的四望岗下建成，中国首届国际牛仔服装节也在新的牛仔服装城广场举行，新塘更被评为“中国牛仔服装名镇”。

农耕年代，湛若水引进荔枝的种子，使增城成为中外著名的荔枝之乡。改革年代，新塘人引进牛仔服装，使其成了新塘经济支柱产业。人们都说，这是对湛若水兼容并蓄、海纳百川精神的传承。

2014年始，当地政府在四望岗建公园，四望岗公园大门入口处，就有“荔乡甘泉”四字题刻。按规划，公园还要建甘泉馆和牛仔风情廊，以让湛若水海纳百川、开放包容的精神薪火相传并发扬光大。

二、墟大塘与新塘墟

湛若水家乡广州市增城区新塘镇，今日不仅是南增城经济文化的中心，而且是整个增城的经济中心，其经济地位在全国名列前茅。在2014年中国中小城市综合实力百强镇排行榜中名列第四位，在2016中国建制镇实力前100强（全国科学发展百强镇）中名列第六位。翻阅历史，新塘旧城区古时是东江口与南海交汇的地方，年深岁久，东江水从江西崇山峻岭带下来的沙石和南海潮水卷来的贝壳，沉积在那里，逐渐形成陆地，低洼之处就成了池塘。后来，聚居在山边的人来到这块土地上，在高地盖房居住，在洼地造塘养鱼，而这个由沙石与贝壳淤积成的村庄也改名“沙贝”了。

明初，新塘旧城区即新塘墟还未形成，明嘉靖《增城县志》也不见有新塘墟而只有东洲米场墟、东湖铁江墟的记载。明嘉靖年间，在南京为官的

从东江看新塘旧城区（湛汝松摄于2016年6月26日）

湛若水觉得河边滩涂是块风水宝地，便发动家乡人在堆积着河沙贝壳的滩涂上挖低填高，垒堰筑堤，修了一个百多亩的大池塘，人们叫这个池塘为“新塘”。后来，乡人在新塘周围筑街建铺开居，民间传说，湛若水致仕后还亲自主持了新塘的开墟仪式。新塘墟形成后，附近米场墟、铁江墟的生意也逐渐转到新塘墟，最早出现“新塘墟”名称的，是明末清初屈大均的《广东新语》。逐渐，原来“沙贝”这个地名也被“新塘”替代了，那个被新塘墟包围着的新修池塘就改称为“墟大塘”，墟大塘四周的堤围，从此成了新塘墟的主要街道。新塘墟形成后，新塘的经济便逐渐趋于繁荣，这正是：

河滩垒石修圩坝，建铺开墟五百秋。
今日新塘商贸盛，一泓潭水话源头。

今日墟大塘（湛汝松摄于2015年9月22日）

《新塘镇志》载，清乾隆十八年（1753），广东巡抚苏昌发现了新塘，便向乾隆申请在新塘设主簿署，奏章称：“增城县之新塘墟，外通海道，内接崇山，舟车辐辏，户口殷繁，实为水陆扼要之区。”苏昌的奏章，很快得到朝廷批准。新塘主簿署在新塘沙园街设立后，原管辖南增城甘泉、清湖、绥宁三都的乌石巡检司被同时撤除，新塘开始成为南增城的政治、经济、文化中心。

三、江门钓台故址

我国南方的珠江有条干流叫西江，西江与其支流蓬江交汇处，有一座城市叫江门，这个城市就是明代心学宗师、思想家、教育家陈献章的故乡。

江门市内有条蓬江，沿着蓬江北岸一直伸延的长堤有段堤中路，堤中路与钓台路交会处有座江门市文物保护单位——钓台故址，这个江门钓台就是陈献章晚年送给门生湛若水的“衣钵”。

江门钓台故址（湛汝松摄于2017年11月4日）

陈献章为什么会修江门钓台呢？东汉初年，光武帝刘秀欲召他的同学、浙江余姚严光（字子陵）为谏议大夫，严光不愿当官，与妻子改名换姓，隐居桐江富春山，披羊裘垂钓于河泽，后人把他垂钓的地方叫“严光钓台”或“子陵台”。此后，筑台江滨、垂纶清漪，成了文人雅士一项清高的活动。陈献章对严光的德行十分景仰，明成化十九年（1483），他在京师领翰林检讨回到江门后，也仿效东汉严子陵隐居桐江、筑台垂钓的方式，在蓬江边筑了个钓台，与朋友、门生时而投竿垂钓，孤啸浩歌，时而饮酒吟诗，传经论道。

何处江边著钓台，楚云明月尽收回。
若比桐江还胜概，千年埋没一朝开。

从上面的陈献章的《江门钓台》诗里，可见他不仅对江门钓台十分喜爱，而且还将其视为事业的象征。可他在临终时，为什么要把它作为衣钵，托付给门生湛若水呢？

明弘治六年（1493），28岁的湛雨（湛若水初名）上京会试落第，次年，他斋戒三日，洁身澄性往江门拜陈献章为师，他毅然焚毁上京会试的“路引”（准考证），立志潜心学习心学。陈献章见湛雨习学意志坚定，就让他住进其专为得意弟子李承箕建造的楚云台中。江门就读六年，湛雨尊师重道，勤思善学，对陈献章“自得之学”“道通于物”“以自然为宗”“体认物理”等理学精神领悟甚深，尤其是他把陈献章“静中养出端倪”的理论，发展为“随处体认天理”学说，更得到陈献章的高度赞赏：“日用间随处体认天理，着此一鞭，何患不到古人佳处也。”白沙先生认定，“江门衣钵”的继承人，非湛若水莫属。

皇王帝伯都归尽，雪月风花未了吟。
莫道金针不传与，江门风月钓台深。

陈献章不但作了上面这首诗《江门钓濑与湛民泽收管》，还在诗序中说：“达摩西来，传衣为信，江门钓台亦病夫之衣钵也，兹以付民泽（若水），将来有无穷之托，珍重，珍重。”陈献章就这样仿效达摩的做法，把江门钓台作为衣钵传给了得意弟子湛若水。作为岭南心学传人的湛若水，没有辜负陈献章的期望，他不但一生不断地弘扬和发展陈献章的岭南心学，而且视师如亲，陈献章去世后，他守墓三年，此后，所到之处，必修书院，记怀白沙先生。

江门钓台原是一座三进深的院落式建筑，后因年久失修而毁，清乾隆三年（1738），钓台得以复修，同治四年（1865），又因围墙涉讼而部分被拆，直至光绪十二年（1886），才由社会人士集资重建。新建的半月形钓台石

江门钓台故址二进（湛汝松摄于2017年11月4日）

垒地基，铁栏环台。1927年，沿蓬江修筑长堤，钓台及首二进建筑被拆掉，剩下的只有后座建筑。21世纪初，钓台故址对外开放，但前边却是卖古玩的商店。

2016年，钓台故址进行翻新，古玩商店变成展廊。半座穿斗抬梁、青砖绿瓦硬山顶的钓台又以崭新的面貌向人们默默地讲述陈献章与湛若水的故事。

走进钓台故址，来到后座高高的后堂，只见正中红木雕花神龛里供奉着陈白沙的画像。画像中的陈献章儒冠宽袍，双手交叉于腹前，向人展示出凛然磊落的风采。仰望屋顶，两个牌匾高悬其中，一是清代嘉庆二年（1797）李昌霖题书的“岭南一人”，二是民国三十七年（1948）重修时广东省陈氏书院、陈氏联谊会题赠的“岭学儒宗”，两匾同彰陈献章是岭南唯一从祀孔庙的

江门钓台故址后堂（湛汝松摄于2017年11月4日）

大儒。环顾四根高大的撑梁大柱，湛若水后裔于光绪十四年（1888）重修钓台故址时题赠的两副对联，一前一后挂在柱上：

揽胜迹于今辰，纵几经反覆波澜，依旧高台临钓渚；
溯通家于累世，与此地平分风月，曾留片石在增江。

胜迹喜重光，缅前贤寄意钓台，源追泗水；
通家联旧好，勉子弟潜心理学，道接江门。

陈献章和湛若水是一脉相承的思想家和教育家，他们一个是明代心学的宗师，一个是岭南心学的传人，江门钓台故址是陈献章传给湛若水的“衣钵”，这不仅是优秀文化薪火传承的象征，也是江门开埠历史的重要见证。

四、新塘钓台

一台筑石江心起，风月先生钓且吟。
此是江门旧衣钵，当时分付意何深。

这是明代南海人，官至礼部尚书的方献夫登新塘钓台后题写的诗歌《登沙堤新筑江门钓台次石翁韵》。

新塘，古称“沙贝”，雅名“沙堤”，但方献夫为什么说登江门钓台呢？

笔者在前边已说过，江门有个钓台，那是陈献章作为衣钵传给得意门生湛若水的，并赋诗以示湛若水为其学术之传承人。湛若水成名后，仍终身师事陈献章，并按老师《江门钓台》诗的意境，在故乡古海遗踪石巷前的东江边建了一座新塘江门钓台，以纪怀老师陈献章。

新塘钓台当地人称其为新塘钓台或甘泉钓台，它建于湛若水临近致仕期间。嘉靖二十一年（1544），方献夫到湛若水家乡时，就登上新筑的钓台，并步韵石翁（陈献章别号）题写了此诗。据民国十年（1921）版《增城县志》载，当时新塘钓台有三块诗碑，一是湛若水手书陈献章赠江门钓台给若水时撰写的《江门钓濑与湛民泽收管》诗与序，二是嘉靖二十年（1543）姚宗舜的《登沙堤新筑江门钓台》，三是嘉靖二十一年方献夫的《登沙堤新筑江门钓台次石翁韵》。

《沙堤湛氏族谱》中新塘钓台位置图

新塘钓台不仅是当时文人雅士聚居之地，而且是后人缅怀的文化场所。

昨晚骑羊驿，今朝鹿步来。
百年无湛子，闲杀钓鱼台。

这是明代著名戏曲家、文学家汤显祖留在新塘钓台的《瞻甘泉钓台诗》。

虎门西接水连天，不尽流澌望渺然。
欲向此中流砥柱，遂成小筑卧云烟。
春晖乍引晴丝袅，秋霁还看碧浪漩。
岂是鲈鱼堪作脍，坐空潭影远风前。

这是明末清初增城儒士湛子云的《登先文简钓台》诗。

湛若水虽然离开人间，但文人雅士仍喜到钓台雅集，写下不少咏颂钓台和新塘的诗篇。后来，兵匪之战常在东江发生，新塘钓台也于清乾隆嘉庆间残破而至湮没，然而，崇文尚礼、以文会友的文化传统却一直薪火相传。清初，陈恭尹因父抗清被通缉，新塘人将其接回新塘居住，他创作诗歌《漫兴》时已在新塘居住了18年。

借屋增江口，悠悠十八年。
力穷群籍内，身老众人前。
曲巷来风满，闭门得月偏，
有生同是寓，终恋墓边田。

增城市档案局（馆）等合编的《新塘当代文艺家档案》

陈恭尹在新塘居住了20多年，不仅在增城了解民间疾苦，创作了大量极具人民性的诗歌，而且在新塘以文会友。这不仅成就了陈恭尹的诗人人生，而且使新塘崇文尚礼、以文会友的风气更加盛行。时至今日，新塘民间文化特别兴旺，据《新塘当代文艺家档案》载，加入广州市以上各类文艺家协会或在市级以上获奖的各类文艺家就有74人，这正是先贤优秀传统文化精神在新塘的传承与发扬光大。

五、陈献章和诗浴日亭

南海神庙位于广州黄埔区庙头村，又称波罗庙，是中国古代海外交通贸易的重要遗址。隋文帝在开皇十四年（594），下诏立祠祀南海神，在广州黄埔建南海神庙。唐代以来历经扩建重修，并每年派官员代表皇帝举行祭典。古时庙前有码头，海舶进出按例派员到庙拜祭，并在庙旁扶胥镇交易，以此为起点的古代海上丝绸之路通达东南亚、西非和东非。南海神庙西侧有一座小山丘，古时称为章丘，据史载，古章丘的阶梯共108级，但现在仅存72级岗阶，岗上有一座浴日亭。古代这里三面环水，亭冠其巅，前鉴大海，茫然无际，是广州地区观赏日出和海景的好去处。

北宋绍圣元年（1094），大文豪苏东坡被贬至岭南，途经广州时，慕名

南海神庙浴日亭（选自《广州市文物普查汇编·黄埔区卷》）

前往拜祭南海神。他登上浴日亭远眺，只见眼前海空相接，烟波浩渺，红霞初现，万顷碧波顿时染上一层金光，一轮红日从海上冉冉升起，有一半仍沉在大海之中，旭日东升，霞光万道，“浴日”胜景，瑰丽多姿，令苏东坡赏心悦目。他感叹眼前大海的壮阔、太阳的辉煌、天地的浩茫，挥笔写下了《南海浴日亭》一诗：

剑气峥嵘夜插天，瑞光明灭到黄湾。
坐看旸谷浮金晕，遥想钱塘涌雪山。
已觉沧凉苏病骨，更烦沆瀣洗衰颜。
忽惊鸟动行人起，飞上千峰紫翠间。

苏东坡身在广州南海神庙观看大海浴日，却联想到钱塘江那排山倒海般的大潮，可见当年在浴日亭观日出极为壮观。诗因亭作，亭仗诗威，有好事者将苏东坡诗刻碑纪念，立于亭内，这个不起眼的小岗因此声名远播，“扶胥浴日”或“波罗浴日”，成了宋元时期羊城八景之一。

后来，广州地区有许多文人墨客争相仿效苏东坡，喜欢黄昏泛舟于南海神庙前，第二天拂晓时分才登上古亭观日出，因此这里留下不少步东坡韵的诗词。其中最著名的是明朝陈献章的《浴日亭和苏东坡韵》一诗：

残月无光水拍天，渔舟数点落前湾。
赤腾空洞昨宵日，翠展苍茫何处山。
顾影未须悲鹤发，负暄可以献龙颜。
谁能手抱阳和去，散入千岩万壑间。

陈献章学识渊博，却又不愿为官。他因处于乡间，得笔不易，故独创茅草为笔，誉称其为茅龙，在书法史上独树一帜。《浴日亭和苏东坡韵》一诗是陈献章用茅笔所书，字体厚重自然，意态灵动，字间粗疏有序，极为豪放洒脱，被后人誉称为陈献章的代表作之一，有极高的书法艺术价值。

陈献章到南海神庙游览作《浴日亭和苏东坡韵》一诗时，年事已高，在此之前，陈献章受到朝廷的征召，赐予官职。他以一介布衣，得到“真儒复出”之誉，可以说是意气风发、志得意满，于是诗中便有“顾影未须悲鹤发，负暄可以献龙颜”之语。其出则辅君济世，穷则独善其身的儒家士大夫的思想，如同黄木湾的渔火，还是“明灭”可见的。其曾应召，被推荐至京，但不为权贵所喜，屡荐不起，便以老母及自身有病为由辞官，授翰林院检讨而归。陈献章回南粤后，自称古冈病夫，就是坚持不做官的意思。陈献章生于岭南，老于岭南，在归隐田园期间，多浏览于西樵山、白云山、南海神庙等名山大川、名胜古迹，借物喻志，抒发情怀。陈献章一生唯重心性之学，主静坐“澄心”，开明代心学之先声。陈献章著作有《白沙集》留世，其学说在中国哲学史上占有重要的地位。

陈献章对自己的书法主张曾如此道：“吾书每于动上求静，放而不放，留而不留，此吾所以妙乎动也。得志弗惊，厄而不忧，此吾所以保乎静也。法而不囿，肆而不流，拙而愈巧，刚而能柔。形立而势奔焉，意足而奇溢焉。以正吾心，以陶吾情，以调吾性，吾所以游于艺也。”屈大均在《广东新语》中如此评价陈献章的书法：“白沙晚年用茅笔，奇气千万丈，峭削槎枒，自成一家。其缚秃管作擘窠大书尤奇，诸石刻皆亲视工为之。故《慈元庙》《浴日亭》《庄节妇》诸碑，粤人以为宝。”可见在清代初期，陈献章的《浴日亭和苏东坡韵》碑已经是南粤人眼中的一宝了。

此外，《浴日亭追次东坡韵诗》碑下面有一段小字，是陈献章弟子湛若水留下的题刻：

> 此吾师石翁先生手书浴日亭和东坡之作也，识者以为度越前作矣。夫以先生片言只字，皆发于妙道精义之蕴，可以为训。又非特诗人墨客之比也。此本尝刻于关大正氏，而藏于道士马元清，因李鳌峰通府以示予。予久欲书此诗，刻于亭中而未能，一旦得之，如遗珠之入手也。遂俾善书者，承差洗翰，精摹入石，竖于亭上。嘉靖壬寅秋七月廿四日，门人、前南京兵部尚书甘泉生湛若水谨书。

湛若水在而立之年拜著名教育家陈献章为师，不仅学业优秀，潜心研究理学，还继承和发扬了陈献章的学术思想，成为一代大教育家。作为陈献章最得意的门生，湛若水对自己的老师也极为尊重，在潜心求学的过程中，对陈献章的学术成果进行了深入研究，并积极传扬和发展。其到之处，必建书院以纪念老师和表示继承陈献章先生遗志。

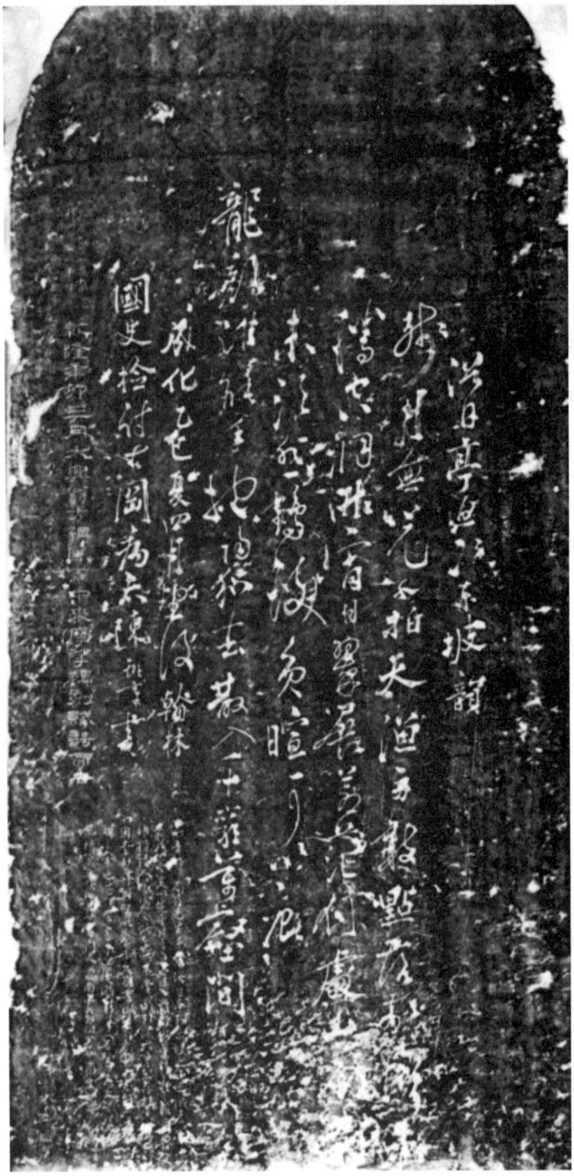

陈献章《浴日亭和苏东坡韵诗》碑（选自《广州市文物普查汇编 · 黄埔区卷》）

从湛若水所写的题记可以了解到，湛若水非常尊敬和崇拜他的恩师，他得知陈献章游览南海神庙写了《浴日亭和苏东坡韵》一诗，就想为恩师立碑，“予久欲书此诗，刻于亭中而未能”。几经辗转，嘉靖壬二十一（1542）湛若水终于得到了他人珍藏陈献章手书的《浴日亭和苏东坡韵》诗文，于是“俾善书者，承差洗翰，精摹入石，竖于亭上”。湛若水将恩师陈献章的诗文精心临摹下来，又选好碑石，凿刻成碑，立于浴日亭上，还专门写了题记。现两诗碑并存于南海神庙浴日亭内，苏东坡诗碑在亭的正面，陈献章诗碑在苏东坡诗碑的后面，而苏东坡诗碑是近年复制的，陈献章诗碑是原碑。此碑历经400多年历史和沧桑变幻，现仍完好保存在南海神庙的浴日亭中，就更显得弥足珍贵了。

浴日亭图（出自清朝崔弼《波罗外纪》）

第五章

碑匾石刻，故事缘长

湛若水不仅是心学家、教育家，而且还是很有造诣的书法家，白沙先生的茅龙笔书法，也得到湛若水的传承与发扬光大。湛若水在各地题写的祠堂匾额、诗歌碑石等甚多，至今仍存的亦不少，我们实在无法一一寻觅加以记述，本书只能选择部分有代表性的碑匾石刻，与读者共赏。

一、西樵“仰辰台”与诗石刻

西樵玉廪峰“仰辰台”石刻（湛汝松摄于2012年5月22日）

“仰辰台”摩崖石刻高高兀立于广东省佛山市南海区西樵镇玉廪峰上。玉廪峰是位于西樵山体西部海拔160多米的山峰，山峰是古火山的一部分，顶上奇石嶙峋，远望圆如饭盖，俗称“饭盖岗”。顶上有锥状巨石，岩骨凸竖如柱状形的仓廪，玉廪峰由此得名。

玉廪峰顶上有两面巨大的摩崖石刻，一是“仰辰台”，二是“仰辰台”诗。

“仰辰台”是西樵最大的摩崖

石刻之一，字高6米多，刻石经过打磨显得非常平滑，内中“仰辰台”三个巨型大字为湛若水用茅龙笔所书，字径2米，字深7厘米，字形苍劲凝重，落款“嘉靖丙午湛若水书”的字样仍十分清晰。

“仰辰台”石刻左侧，有一块大石，石壁上刻着一首七言绝句：

仰辰台上仰辰游，一曲歌声彻九州。

感得圣恩深似海，外臣早许作巢由。

西樵玉廪峰“仰辰台”诗石刻（湛汝松摄于2012年5月22日）

刻在石壁上的“仰辰台”诗，虽然经历近500个春夏秋冬，遭受过无数次风霜雨雾，但字迹依旧十分清晰，甚至连落款“嘉靖丙午九月甘泉湛若水书”也字字可辨。

“仰辰台”石刻及其诗是怎样形成的呢？个中缘由还得从湛若水母逝丁忧在西樵办书院说起。

明代正德年间（1506—1521），湛若水、方献夫和霍韬等名儒在西樵山创办书院，讲学授徒，传播理学，四方学子纷纷慕名上山求学，玉廪峰就是当时文人雅士活动的一个场所。他们在那里夕看日落，夜观星辰，吟诗诵句，“仰辰台”就此得名。但是，当时的玉廪峰还没有石刻，“仰辰台”是湛若水致仕后重回西樵讲学时留下的笔迹。

西樵民间，曾有这样一个传说：饭盖岗上仰辰台下尽是珠宝，谁能读通峭壁上的七言诗句，饭盖岗就会为他打开，里边的珠宝就会任他拿取。于是，曾有人对此诗作出所谓的破解，说湛若水“离开官场回家守孝时，产生了淡泊名利，告别官场，归隐樵山之情，所以托巢由为理拒绝皇召”，有人还说“外臣早许作巢由”，只不过是个虚伪的幌子。

然而，历史并非如此。湛若水第一次到西樵是正德十二年（1517），那时他在翰林院任编修，母亲辞世守孝期满，因不满朝廷宦官弄权，以请假养病为由从家乡增城新塘携家眷隐居西樵山中创办大科书院，讲学育贤，直至嘉靖元年（1522）才复出还朝。嘉靖二十五年（1546）写的诗句，比湛若水离开官场回家守孝，归隐西樵山这段日子起码要晚25年。显而易见，仰辰台上的石刻诗并非湛若水还朝前的那段日子所撰。因为上玉廪峰的路十分崎岖陡峭，可能"破解"者未亲眼见过石刻的题诗，否则"嘉靖丙午九月甘泉湛若水书"几个字如此清晰，又怎会把题诗的年代弄错呢？可见，历史背景弄错了，先贤的诗意也被歪曲了。

其实，湛若水从西樵还朝后，先后任南京礼、吏、兵部三部尚书，经过三次上疏请辞，才于嘉靖十八年（1539）获准致仕回乡。回乡后，他长年奔走于罗浮山朱明洞书院、广州天关书院以及家乡的明诚书院、莲洞书院、读岗书院和甘泉书院，殚精竭虑地讲学育贤。嘉靖二十五年，81岁的湛若水在远离官场6年以后，怀着对西樵的深厚感情，再返西樵。

九日携壶上大科，天歌一曲宣天和。
舞雩六七为童冠，孰与诸贤父老多。

这是湛若水于嘉靖二十五年九月九日重阳节兴致勃勃地与西樵父老攀上西樵第一峰大科峰，在见日台上饮酒放歌，吟诗赋对写下的《嘉靖丙午九日登大科诗》。

三天后，湛若水又与三位门生前往玉廪峰，新定仰辰台，并以"仰辰台"诗记之，"丙午九月十二日，新定仰辰台，同周自正、郑孔新、谢振卿板跻登望，浩歌而归"，与诗一并收录在《泉翁大全集》中的诗题，正道出了写诗的背景。

湛若水与门生新定仰辰台，并以茅龙笔题书后，西樵人则打磨石块，精心把湛若水"仰辰台"的题书和诗歌镌刻于两块石壁上，可见"仰辰台"摩崖石刻和"仰辰台"诗刻是湛若水在西樵办学育贤时与西樵人建立起深厚友情的见证。

二、西樵山湛子讲学岩与湛子洞

西樵山九龙岩湛子讲学岩（湛汝松摄于2015年5月2日）

南海西樵山有个九龙岩景区，从“九龙岩”石刻路标处进去，一条木栈道迂回曲折地往谷下伸延，在一块蘑菇形的巨石前转了个大弯，湛子讲学岩和湛子洞便出现眼前。

明正德十二年（1517），湛若水母逝丁忧期满，不满朝廷宦官弄权，便以养病为由上疏请假，从家乡增城新塘携家隐居西樵山中。他卜居西樵后，一边规划筹建大科、云谷等书院，一边在山水宜人的地方开坛讲学，传理育贤。课余时间，他经常与学生为伍，行游于泉石猿鹤之间，置身于山水田园之上，论文吟诗，感悟“天理”，九龙岩景区里的湛子讲学岩就是甘泉先生曾经讲学的地方。

西樵山“湛子洞”石刻（湛汝松摄于2015年5月2日）

湛子讲学岩在九龙岩侧，被当时太史吕柟誉为“盖为西樵最幽之处”。岩洞不深，大概可容十多个人，岩洞石壁上阴刻“湛子讲学岩”五字，下款有“正德丁丑治”，石刻未署名，当地人说是湛若水手书。

湛子洞位于湛子讲学岩往下不远的两崖交合处，状如门石，在流杯池清泉缓泻的两层叠岩上，“湛子洞”三个苍劲有力的大字刻于石中。“湛子洞”石刻也未署名，但景区铭牌述，“湛子洞居两崖夹壁之间，陡峻如门，下有小泉缓泻，成流杯池，是当年湛若水领门徒讲学处。崖壁上‘湛子洞’三字，是湛子用茅龙笔挥写的，甚有气势”。

三、西樵山“云门”摩崖石刻

“云门”摩崖石刻（陈少文摄于2018年5月6日）

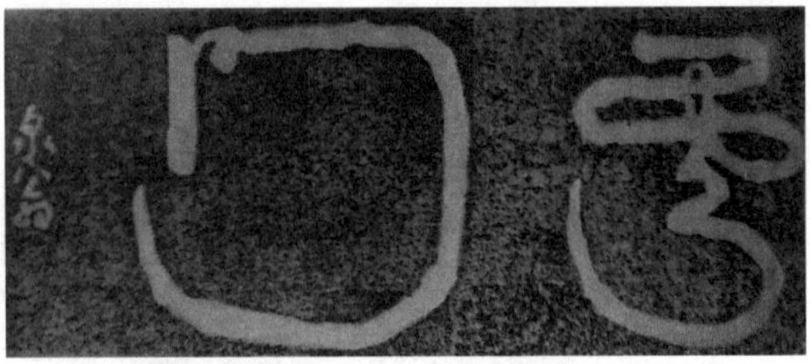

“云门”摩崖石刻拓片（陈少文摄于2018年5月6日）

广东省佛山市南海西樵云谷村遗址附近的云谷仰眠石摩崖上，有“云门”两个高达1.5米的阴刻摩崖大字。“云门”两字是湛若水（甘泉）在西樵山办书院讲学期间用茅龙笔所写的草书。字体苍劲浑厚，大开大合，气势空灵博大。左边旁刻有“泉翁”落款，后人在右下角添上“法门”二字。

2018年5月6日，西樵诗社诗友结队在西樵山寻古迹时发现了仰眠石南侧的摩崖上有此石刻。石刻主体基本完整，但“泉翁”落款已模糊。

四、南香山“湛子洞”石刻

明末清初广东著名学者屈大均在《广东新语》中说，广州有“三樵”，即东樵、西樵和南樵。东樵罗浮山，西樵南海西樵山，南樵就是现在广州增城区永宁街的南香山，“湛子洞”摩崖石刻就在这座穿越增城历史的文化名山——南樵的南麓。

明嘉靖十五年（1536），时任南京吏部尚书的湛若水请假回乡，在筹建沙贝甘泉书院、罗浮山朱明洞书院和扩建西樵大科书院的同时，在南樵莲花石附近兴建了莲洞书院。

南香山“湛子洞”石刻（湛汝松摄于2009年4月17日）

莲洞书院附近的山道旁，有两块巨石相傍而立，两石之间，上只有“一线天”之缝，下却有丈许宽的“石室”空间。当年，湛若水在书院讲学之余，常带学生到此望蓝天之白云，沐山谷之清风，听潺潺的溪流，闻四野的花香。在大自然中或谈天说地、议古论今，或休憩遐想、论学吟诗。后来，学生为了记怀老师，就请甘泉先生书“湛子洞”三个大字，将字镌刻于石峰摩崖上。近500年后，书院只遗下残墙碎石，但“湛子洞”石刻仍高高立于山道旁边。

“湛子洞”摩崖石刻高约10米，直径约6米，花岗岩石壁上用茅龙笔书写“湛子洞”，字径约1米，笔法苍劲古朴，气度流畅，字迹仍十分清晰，一直被视为南香山文化的象征，该摩崖石刻于1984年3月被公布为增城县文物保护单位。

五、江郎山“壁立万仞”石刻

浙江省衢州江山市石门镇有座历史名山——江郎山。江郎山不仅是国家级风景名胜区，而且因典型的中国丹霞地貌而被记入“世界自然遗产名录”。

江郎山顶峰有郎峰、亚峰、灵峰三座高耸入云的石峰，传说是古时候三个姓江的兄弟登上山顶变成的三块巨石。三石峰拔地冲天360余米，形似石笋天柱，状如刀砍斧劈，当地人称之为“三爿石”，旅游界称之为“神州丹霞第一峰”。

郎峰下，危石凌空处有个高大宽敞、可容数百人的山洞，据清康熙《江山县志》介绍，该洞以梃叩之，上应如鼓，下应如钟，故名“钟鼓洞”，洞顶摩崖峭壁处，有题刻“壁立万仞”四个大字。

“壁立万仞”为双钩题刻，近年被旅游部门涂上红漆显得格外夺目。题刻没有署名，但立于题刻下的景区“钟鼓洞”铭牌介绍：“钟鼓洞是丹霞地貌中典型的顺层岩洞景观，洞壁外‘壁立万仞’四字由明代理学家湛若水题写。”

“壁立万仞”摩崖题刻

六、寿宁星球岩石刻

福建省寿宁县城西鬼神潭北岸（今寿宁县自来水厂内）有块形若狮球的星球岩，星球岩东面有一巨大的摩崖石刻，当地人称之为“星球岩石刻”。1986年，寿宁县人民政府公布该石刻为寿宁县文物保护单位。

寿宁摩崖石刻高3.8米，宽3.18米，面积达12平方米，是闽东地区最大的古代石刻。清康熙二十五年（1686）版《寿宁县志》和乾隆二十七年（1762）版《福宁府志》都对该摩崖石刻有记载，其中《福宁府志》卷四之《地理志·山川·寿宁县》中载：“星球岩，在县西二里。下有泉，极清冽。岩凿湛若水字于此。”卷三十六之《杂志·古迹》中又载：“狮子球岩墨迹，在城西岩上，石刻‘甘泉’。子曰：‘吾随处体认天理，夫可与吾共此者，其古源李子乎？’此‘心学’六字诀也。千圣千贤之会尽此矣。苟能终身致力，上达天德无难矣。是在李子。嘉靖吏部尚书湛若水书，知县张鹤年跋。字画苍劲遒古，势若龙蛇。”又载：“一览亭，在狮岩上，明曹学佺题云：‘占山占水些些地，宜月宜风小小亭。’”

据福建寿宁书法家缪长钻到增城参加甘泉文化研讨的论文《寿宁摩崖石刻湛甘泉“随处体认天理”探源浅见》介绍，寿宁星球岩石刻共449字，其中正文309字，款识140字，内容分为四个部分。占整个篇幅一半以上的第一部分字号最大，这部分是嘉靖丁酉年（1537）湛若水书的心学《六字诀》，正文81个字，款识32个字，共113个字。

> 甘泉子曰：“可以与吾‘随处体认天理’之学者，其古源李子乎！夫随处体认天理，此吾之心学六字诀也，千圣千言之会也，尽之矣。苟能终日终身而致力焉，直上达天德无声无臭焉，至矣。李子其勖之哉，是在李子。”
>
> 嘉靖丁酉十月廿五日，守南京吏部尚书，增城湛若水书以载履二赋古源李子歌。

星球岩石刻（李安摄）

第二部分是嘉靖戊戌年（1538）湛若水对李呈祥致力心学研究的评价与勉励，正文68个字，款识44个字，共112个字。

赠子以峨峨，四直之中，撑柱乎，明明之高，旻中当以袅袅，素丝之履，平步乎，广广之大地。夫高山广大不直也。他自然而然，而毫末不加。嗟，惟古源李氏之子其殆，可以与于此哉。

嘉靖十有七年，岁在戊戌四月既望，守南京吏部尚书，前祭酒侍读国史经筵官、甘泉居士湛氏若水，书于锡龟亭。

第三部分是嘉靖丙午年（1546）知县张鹤年所撰之跋，叶庄七书，正文49个字，款识38个字，共87个字。

自苍颉体亡，右军韵远，学者罕得其传。慕甘泉先生妙墨，盖独得心画也。兹双华羽出笥以示，非嘉惠后学意耶。因慰，附诸石石。

嘉靖丙午春，知寿宁县事张鹤年顿首谨跋。

叶庄七书。督工叶邵一、烜十。平阳方□□镌，范震四采。

第四部分是清道光五年（1825）广东吴川籍知县孙大焜为表达对湛若水书法的仰慕之情所撰写并书的跋，正文111个字，款识26个字，共137个字。

此吾粤湛文简公墨迹也。先生以道学为己任，涵养深纯，耄年独讲不辍，文章经济冠绝一时。身修五福，位历三卿，原不借书法见长，而笔力豪迈直追颜柳。学者得之称同卞璧。今来此幸获拜观，虽不能至，心向往之矣。维时同观者为侯官林君、受品邑人卢子赞虞、余弟大熺、子婿麦律元。

皇清道光五年十月既望，知寿宁县事乡后学吴川孙大焜跋并书。

石刻第三部分张鹤年的跋中，有“慕甘泉先生妙墨，盖独得心画也。兹双华羽出笥以示，非嘉惠后学意耶”之句道出了石刻形成的缘由。据缪长钻考证，石刻文中提及“古源李子”即李呈祥，字古源，“双华”是先从师于

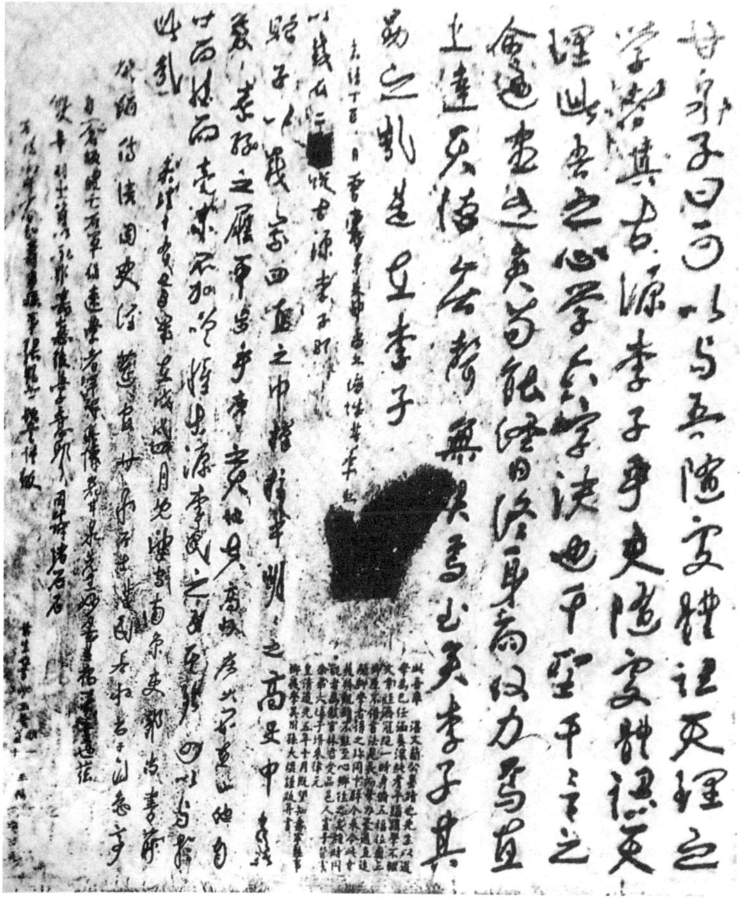

福建省寿宁县湛若水石刻拓片（张培基摄）

阳明，后又从师于甘泉的安徽的柯乔，号双华。嘉靖十三年（1534），柯乔在九华山建甘泉书院，嘉靖十五年（1536），甘泉先生应邀到此讲学，并赋《过柯双华侍御山居有序》诗赠柯乔。柯乔在任福建布政司参议时，张鹤年在柯乔那里见到湛若水对高徒李呈祥赞扬的墨宝，于是请人题书刻石于星球岩上，才有了这块历经400余年，闽东地区最大的古代石刻。

星球岩石刻出现以后，当地人们像敬畏神灵一样崇拜它，至今石刻前的香炉仍然香火不断，民间还流传着很多关于石刻的传说。

七、齐云山“晞阳岩”石刻

全国四大道教名山之一的齐云山位于安徽省黄山市休宁县，那里山清水秀，留下了很多文人墨客题书的摩崖石刻。明代，天泉书院就建于齐云山石桥岩附近。嘉靖十六年（1537），湛若水到天泉书院讲学，题书“晞阳岩”三个大字，湛若水的门生便请工匠将先生的题书以双钩字边的形式镌刻于石壁上。

近500年过去，天泉书院已不见踪影，四野草木蓬生，但书院遗址附近十数米高的红砂岩崖壁处，“晞阳岩·泉翁”几个大字仍向人们诉说着历史的沧桑。

（详细内容请参阅本书第三章之徽州天泉书院）

晞阳岩石刻（湛柱辉摄）

八、罗浮山“黄龙洞”题名

广东省罗浮山黄龙洞景区内有块“黄龙洞”石刻，下款有“湛若水”署名。

黄龙洞，原名金沙，地处罗浮山西南麓玉女峰之下。南汉后主刘鋹建天华宫于其中，因梦见黄龙起源于此，故改名为“黄龙洞”。湛若水在罗浮除创办朱明洞书院、青霞书院外，还在黄龙洞建了四贤祠。明崇祯本《博罗县志·祠祀》载：“四贤祠在罗浮黄龙洞，祀周濂溪、罗从彦、李延平、陈白沙，尚书湛若水建。”

湛若水对罗浮山情有独钟，明嘉靖十九年（1540），湛若水结束仕途生活，九月抵乡，十月初七便入罗浮山。

《湛甘泉先生文集》卷二十八《归去纪行略》最后一节记述，明嘉靖十九年，湛若水十月登罗浮山。初八日祭告朱明洞之神，是日观黄龙洞卜别馆不遂。遂卜天华馆，有诗云：

当年我卜黄龙坡，山木未深云未多。
直向天华蹑天路，飞云影里放天歌。

在卜筑四贤祠时，他又写下《度黄龙登天华视四贤祠行窝之筑》和《卜黄龙旧作》：

双眺银河落九天，合流隔断彩云边。
天华别在黄龙上，两栋茅椽一缕烟。

飞云千丈阁空蒙，一枕横交四百峰。
春景醉人归不得，欲离烟火住黄龙。

“黄龙洞”三字就是在“欲离烟火住黄龙”的意境中一气呵成的，后来，博罗门生请工匠以阴文镌刻置于石上。虽然石刻经历了400多个春夏秋冬，但至今仍字迹清晰，为后人印记着湛若水与黄龙洞的故事。

“黄龙洞”石刻（湛汝松摄于2011年2月23日）

九、梧州总府题名碑

广西梧州城北桂江东岸，有座纪念南方百越民族女首领龙母的龙母太庙。主殿右侧龟池的中央放置着着一只重十余吨的巨型石龟，龟背上驮着一块由明弘治年间（1488—1505）状元伦文叙书题，湛若水撰跋的大型石刻“总府题名碑”。

民间的龙母太庙，为什么会有官衙的总府题名碑呢？

明弘治年间，广西梧州设总督、总镇、总兵三府，但三府官吏之间矛盾重重。正德七年（1512），湛若水被赐一品服，奉命出使安南册封国王，途经梧州，了解到三府官吏之间不团结，便会见了驻梧州的总督、总镇、总兵，要求三府要团结互重，同心同德。他建议立碑把历任的官员名字，连同其籍贯、出身、勋衔及出任时间都刻在碑上，让民众监督官员，评价官员的功过好坏，促使三府官吏同心协力，为振兴梧州做贡献。次年七月七日，湛若水撰写了《跋总府题名记》，于是，一个刻着明代61位驻梧州的总督、总镇和总兵的名字，由伦文叙书题，湛若水撰跋的总府题名碑便立于梧州。

时光流转，朝代变更，梧州土地上曾找不到总府题名碑踪迹。1977年，梧州市第一幼儿园建筑工地上却意外挖出一只巨型石龟，龟背上有《跋总府题名记》刻文。专家根据古籍记载和现场鉴定，确认这块石碑就是伦文叙书题，湛若水撰跋的总府题名碑，便将其移至龙母太庙展示。

这里要说明的是，梧州还

梧州“总府题名碑”（湛汝松摄于2006年3月2日）

有另一个大型龟碑，那就是2002年4月27日，在梧州市东正路工地上出土，由明两广总督韩雍于明成化六年（1470）撰文的建总府记碑。如今，这块龟碑放置在白鹤观内展示。

龙母太庙展示的石龟碑重约8吨，长310厘米、宽210厘米。出土时，龟背上有长200厘米、宽120厘米的总府题名碑，碑上还有湛若水与伦文叙的署名和印章。

根据《泉翁大全集》卷三十一所载，《跋总府题名记》碑文如下：

> 总府者，三府同寅协恭之地也。书称“三后协心”，易称“二人同心，同心之言，其臭如兰”，故总府之设，凡欲以协同也。府创于总督韩公求熙，而总镇陈公德彰、总兵陈公志坚赞成之。府题名创于总府直庵林公舜举，而总镇潘公世贞、总兵郭公世臣赞成之。自陈公迄潘公，

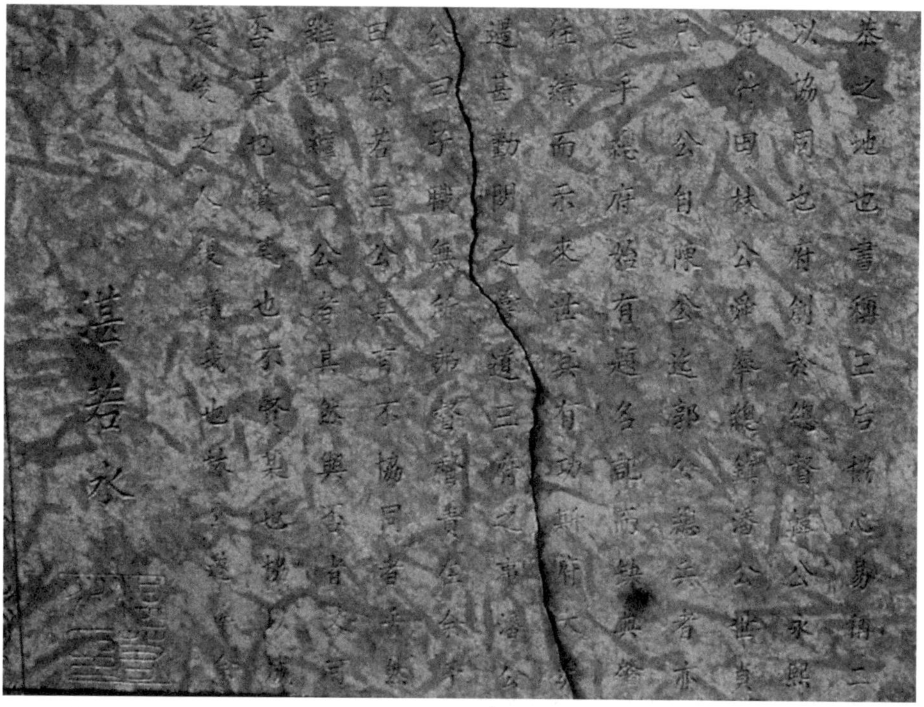

《跋总府题名记》的部分碑文（湛汝松摄于2006年3月2日）

总镇者凡七公。自陈公迄郭公，总兵者凡七公。自韩公迄林公，总督者凡十五公。于是乎总府始有题名记，而缺典肇修。盖公于抚绥之余，宁谧之后，尤欲以继往而示来，其有功斯府矣。适予以安南之使道过苍梧，而见夫三公者，礼遇甚勤，闲尝道三府之事。潘公曰："予岂有事事哉？予惟镇以静。"予应曰："然。"林公曰："予无所弗督，督责在予。"予应曰："然。"郭公曰："予维戎事是任，其敢弗虔？"予应曰："然。若三公者，其有不协同者乎！然而三公而上，等而辨之，其然与否者可知矣。虽或继三公者，其然与否又可知矣。"是故后人观题名者曰："某也然，某也否；某也贤，某也不贤；某也协以成功，某也乖以败事。"其将起敬起畏，是效是惩，勿使后人之复鉴我辙也。林公遂俾予跋于后云。癸酉七月十七日。

十、江门慈元庙碑跋

崖门慈元庙后古碑廊的慈元庙碑（湛汝松摄于2017年11月4日）

20世纪末，广东江门市新会区古井镇整合了南宋末年崖山海战遗址上的文化遗迹，建设了宋元崖门海战文化旅游区。旅游区内包括了慈元庙、大忠祠、义士祠、望崖楼、碑廊、古炮台等建筑，被历代史学家和书法家誉为"岭南第一碑"的慈元庙碑原物就立在古碑廊中。

700多年前，南宋最后一个皇帝赵昺的行都建在崖山。宋亡后，陈献章先后于明成化十二年（1476）和弘治四年（1491）倡议，在宋少帝行都故址上兴建表彰"宋末三杰"文天祥、

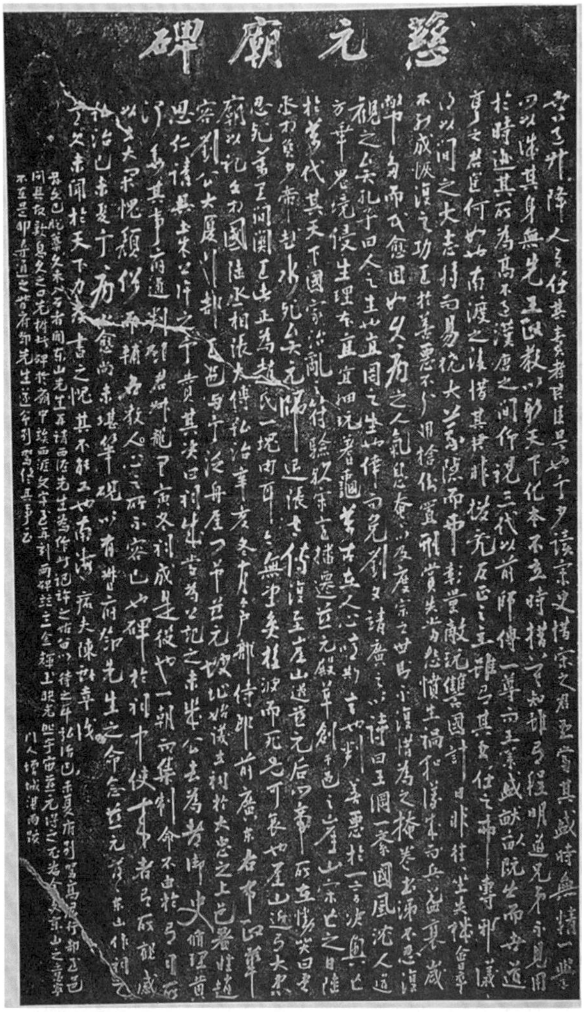

《慈元庙碑》图

陆秀夫、张世杰的大忠祠和纪念以身殉国的宋少帝及杨太后的慈元庙。宋亡200多年后的明弘治十二年（1499），陈献章亲自撰文并用茅龙笔书写了《慈元庙碑》。第二年，白沙先生去世，但碑文仍未入石成碑。作为陈献章心学传承人的湛若水，了解缘由后也用茅龙笔为碑撰写了跋。后经工匠精心用砚石镌刻，把陈献章的碑文与湛若水的跋都同时刻在碑中，立于慈元庙里。1943年，慈元庙被日本侵略军所毁，但慈元庙碑却幸得遗存而被收藏。1995年新会创建宋元崖门海战文化旅游区，在原址重建慈元庙，慈元庙碑又重新竖立在景区望崖楼后面的古碑廊中。

慈元庙碑高1.95米，宽1.7米，碑的正文600多字，正文后有湛若水用茅龙笔以行草为其撰的跋。江门陈白沙纪念馆陈列着该碑的复制品。

湛若水跋文如下。

兹文已脱稿，久未入石，者闻东山先生再请西涯先生为作此记，许之姑留以待之年。弘治己未夏，府别驾高□行部过邑，问其故，叹息久之曰："先树此碑于庙中，诶西涯文字至再刻，两碑并立，金辉玉映，光照宇宙。"慈元得之尤为全美，东山之意宁不在是耶？寻通之督府邓先生，遂命别驾终其事云。门人增城湛雨跋。

十一、陈白沙改葬墓碑铭

陈白沙改葬墓碑铭现立于江门市白沙公园改葬墓碑亭内，碑文用端石刻制，置石龟之上。原碑高约2.8米，1968年上段被砸，现只存下段，残碑高1.65米、宽1.3米、厚0.45米，碑文竖行阴刻，现部分碑文已模糊不清，碑文由陈白沙弟子湛若水撰写并手书。

明弘治十三年（1500），陈白沙去世后，时任广东布政使的周孟中将他葬于圭峰。明正德十六年（1521），湛若水等人应陈白沙长子陈景云的要求，将陈白沙改葬到皂帽峰麓。嘉靖元年（1522）正月，正在西樵大科书院讲学的湛若水写了《明故翰林院检讨白沙陈先生改葬墓碑铭》。碑文记载陈白沙生平事

白沙公园内的碑亭（湛汝松摄于2012年7月24日）

《明故翰林院检讨白沙陈先生改葬墓碑铭》（湛汝松摄于2017年11月4日）

迹、“以自然为宗”的心学思想以及白沙先生逝世、始葬和改葬的经过。

明嘉靖二十八年（1549），新会县进士林腾蛟主持刻石，陈白沙玄孙陈观光等立石于改葬墓前。

十二、宜兴张公洞甘泉碑

甘泉碑原立于江苏省宜兴市西南约22千米的盂峰山麓张公洞甘泉精舍旁的甘泉亭中。据清嘉庆《宜兴县志》卷九载，明嘉靖十七年（1538）湛若水撰写并手书了《甘泉精舍记》，其门生史际为此专门建了甘泉亭，请来工匠把老师手书的《甘泉精舍记》刻于四面碑石，立在亭中。原石碑及碑亭已在“文革”中被毁，1993年，宜兴市园林旅游管理局按拓片重新刻制《甘泉精舍记》，以四面碑形式立于张公洞景区内。

（详细内容请参阅本书第三章之宜兴张公洞甘泉精舍）

甘泉精舍记（释文）

嘉靖乙未冬，进士溧阳史恭甫际既免母徐夫人丧，游观宜兴山水之胜，因买山，得煤舍以为义仓，永济两县之饥。遂馆玉女潭，为行乐至张公洞，黄生云淡仲通曰：“此泉流于石底，古碑以为有甘泉出焉，而师太宰甘泉尝来濯缨于此，盖兆之矣。”督学北江闻人氏诠复言之，恭甫乃慨然治之，畜泉为池，盈池为流，流行为沟，筑屋于泉上，为甘泉子他日游居讲学之所也。前为门三间，内为堂者三间，后寝如堂之数。前后四翼廊以次成之，引沟环绕门前，遂为此洞增胜焉。及恭甫入铨曹为文选，往往寓书请甘泉子扁为书院，甘泉子不应者久之。溧阳丞周君懋光私扁之门曰“甘泉精舍”，堂曰“自然之堂”，寝曰“寻乐之室”。仲通诣金陵请教言，刻之崖石，以志燕峰之德于不忘，且以训于后之来游者。甘泉子曰：“吾何言哉！抑尝闻之，古之善言者，不下带而道存焉。今精舍在泉上，请以泉言，可乎？”在易之蒙曰：“山下出泉。静而清也。静言其功也，清言其性也。”仲尼亟称于水曰：“水哉！水哉！源泉混混，不舍昼夜，盈科而后进，放于四海。”故混混不

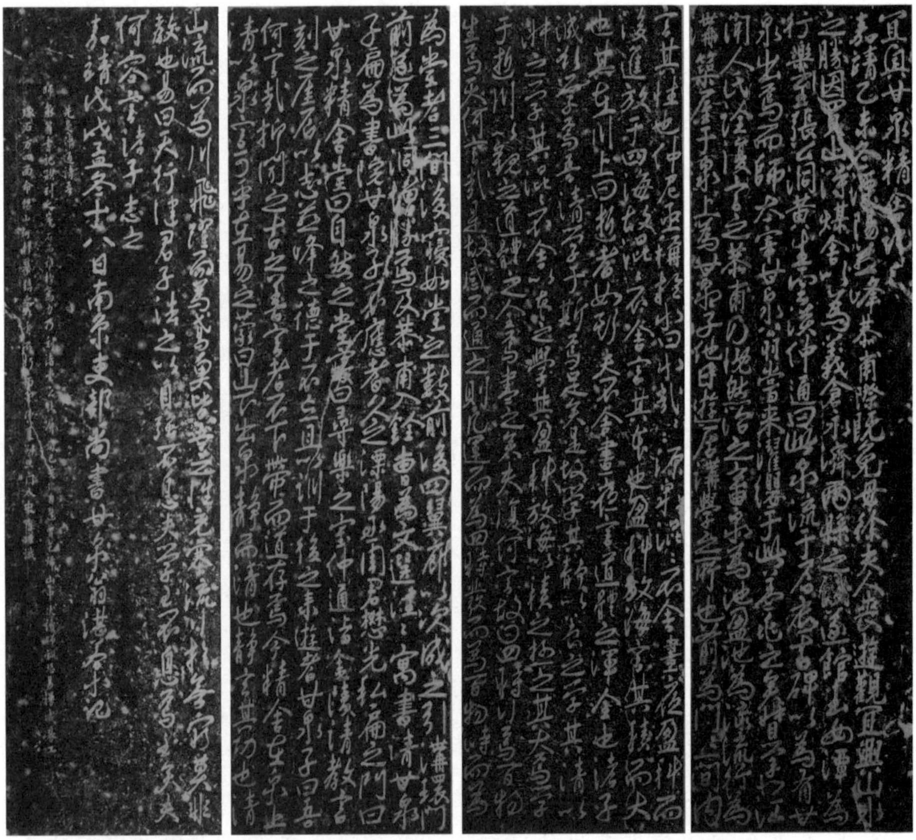

宜兴甘泉精舍记碑文拓片四帖（选自《湛甘泉文化研究系列》第六期）

舍，言其本也。盈科放海，言其积而大也。其在川上曰：“逝者如斯夫，不舍昼夜。”言道体之浑全也。诸子诚欲学焉，吾请学于斯泉焉足矣。是故学其静以养之，学其清以淑之，学其混混不舍以本之，学其盈科放海以积之极之其大焉，学于逝川，以观之道体之全焉。尽之矣，夫复何言！故曰：“四时行焉，百物生焉，天何言哉。”是故感而通之，则凡运而为四时，发而为百物，峙而为山，流而为川，飞跃而为鸢鱼，皆吾之性充塞流行于无穷，莫非教也。易曰：“天行健，君之法之以自强不息。”夫学至不息焉。至矣，夫何容言！诸子志之。南京吏部尚书甘泉翁湛若水记。

十三、英德《过清溪》诗碑

《过清溪》诗碑原立于英德凤凰山原灵泉书院甘泉亭中。明嘉靖十五年（1536），湛若水路过英德清溪，学生黄绣、黄绪、黄宸三人陪同他登上凤凰山观赏潮水寺灵泉，即兴赋《过清溪》一首，亲笔草书交予学生。三位黄姓学生为了纪怀老师，请来碑石工匠，刻制《过清溪》手书诗稿石碑，立于书院附近潮水寺侧的甘泉亭中。后来书院湮灭，诗碑也不见踪影。

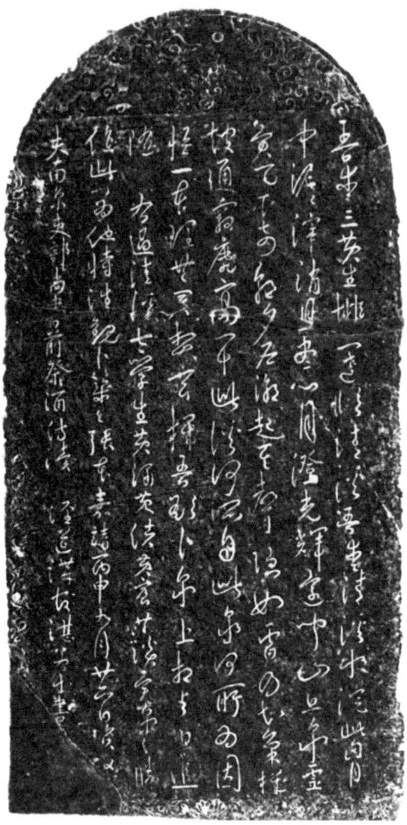

原《过清溪》诗碑拓片

2014年7月26日，英德沙口镇清溪村在清理潮水寺的工地上，挖掘出一块断成两截的草书石碑。经专家现场考证，这就是当年立在灵泉书院旁的甘泉亭里的湛若水手书《过清溪》诗石刻碑。

该碑用黑灰色石灰岩刻制，长方碑身，拱形顶，有碑脚、碑座，通高2.16米，宽0.88米，厚0.15米。出土碑断成两块，左下方缺角，缺失一个“大”字和印章。

（详细内容请参阅本书第三章之英德灵泉书院）

《过清溪》诗碑内容如下：

吾爱三黄生，排闼临清溪。
吾爱清溪水，浣此胸中泥。

泥滓消且尽，心月澄光辉。
还闻山上泉，灵异天下奇。
朝夕应潮起，其声隐如雷。
乃知气机鼓，通窍靡高卑。
此溪何所自？此泉何所为？
因悟一本理，共君契玄机。
吾欲卜泉上，相与日追随。

右过清溪太学生黄绣黄绪黄宸共谈异泉之胜，值此以为他时往观卜筑之张本。嘉靖丙申九月廿二日资政大夫南京吏部尚书前祭酒侍读经筵讲官湛若水书。

十四、滁州卢氏祠堂记碑

清光绪《滁州志·金石》载，卢氏祠堂记碑为“嘉靖三十三年（1554），增城八十九甘泉翁湛甘泉撰文，前翰林院待诏兼修国史、长洲文徵明书并篆额。今碑在卫署，额已遗失”。

滁州，接壤南京西北，是六朝京畿之地，为什么会有湛若水撰写的《卢氏祠堂记》呢?

明弘治十八年（1505），湛若水与王阳明在京师认识，一见定交，结为好友，共同讲学，各立门户，共倡圣学。正德九年（1514）春，时任翰林院编修的湛若水曾到滁州讲学，与时任南京鸿胪寺卿的王阳明互论儒释之道。次年，湛若水母丧于京师，他扶柩南归时，王阳明在龙江关为湛母吊唁，短暂逗留中，两人又互论格物，“王湛之学”为文化积淀深厚的滁州史册留下闪光的一章。后来，湛若水于嘉靖三年（1524）调任南京国子监祭酒，至嘉靖十九年（1540）在南京兵部尚书任上致仕回乡，在南京为官长达十七载。明代，滁州直隶于南京，湛若水经常讲学，加上曾任国子监祭酒，门生不少。

嘉靖十三年（1534），已任南京礼部尚书的湛若水路过滁州，忆起20年前与阳明先生在滁州夜论儒释之道的情景，写下诗歌《过滁感旧作》：

遵涂出滁阳，望望琅琊山。
昔日阳明子，相期若跻攀。
寂寞卧山房，共话儒释言。
何期廿载下，复此同绪贤。
俛怀丰乐地，壮心与盘桓。
冥搜醉翁处，窥潭有龙蟠。
醉翁醉亦得，龙蟠不可乾。

甘泉先生的诗，得到当时南京太仆卿胡铎、太仆寺少卿崔桐等次韵唱和。

卢氏祠堂记碑（滁州张祥林提供）

湛若水有位滁州门生卢守益，由庠生入国子监，曾任浙江富阳主簿，后辞官归乡，建芝庵精舍，耕读中极尽孝友。嘉靖三十三年，卢守益与其兄远涉四千里来到已致仕15年的甘泉先生家里，向老师讲述其“承祖宗之旧，不分居，合爨者四世矣，有先人之敝祠在”。恳请老师为其祠堂撰文入石立碑。湛若水闻之，十分感动，为此撰下《卢氏祠堂记》。《卢氏祠堂记》经文徵明书写并用篆书题额后，由工匠阴刻成石碑，立于祠内。

400多年后，卢氏祠堂记碑的碑额已佚，碑身也分成大小两块，但大部分碑文及上下题款仍依稀可辨，碑石仍存于民间。湛若水撰写的《卢氏祠堂记》全文收入清康熙十二年（1673）刻本《滁州志》卷二十九《艺文》中。

卢氏祠堂记

湛子曰："以吾观于祠祀，而知王道之易易也。"祠也者，嗣也；嗣，继养也。祖考之不逮矣，故祠嗣以养之。事死如事生，事亡如事存。死亡者犹养，而况生存者乎？故生死有养，则礼义可兴；礼义可兴，则风化斯溥。人人养其亲，人鬼安和气顺，而天下平矣。百姓不亲，则五品不逊。王假有庙，所以为萃聚涣散，使相亲睦也。甘泉子已立大宗小宗之祠，创家训以垂子孙，同居合爨以收其心，而使之同矣。

癸丑冬，有卢氏子守益者，不远四千里而来，与其兄提舶守愚之意告曰："益，滁阳人也，承祖宗之旧，不分居，合爨者四世矣，有先人之敝祠在。惟先生赐之教，将镵于石以不忘。"甘泉子喟然叹曰："有是哉！有是哉！吾方欲天下人人同之，谁意卢氏先得我心之同然乎！"

请益曰："夫祠祀之际，其有思乎？""昭穆之序，自其身而推之，而吾考，而吾祖，而吾曾、高、始祖。其初，一人之身耳，则孝心油然而生矣。由吾身而推之，而吾兄弟，而吾从兄弟，而吾三从四从，以至于远兄弟，其初乃一人之分耳，则敬爱之心蔼然而生矣。"

曰："祠祀孝敬之兴，则吾既得闻命矣。敢问此心之所以合于王道者何居？"

曰："合爨之际，其无思乎？思吾粒食皆吾祖考之遗也，思吾菜羹皆吾祖考之遗也，能忘孝敬乎？士者曰：'吾所肄业书籍，皆吾祖考之遗泽也。出必告曰，某今从某政，不敢忘祖考矣。反必面曰，某俸禄若干，余无私焉，必以纳诸公贮矣。某也无公私之过，某也罪非己，致人诖之，夫何惭于祖考乎？'农者告曰：'某畋某田，得谷若干，必以纳诸公仓矣。'工者、商者告曰：'某也不敢淫巧、受若直、怠若是矣；

某也不敢腾若价、饰若货器以生，玷吾祖吾考，有则殛之。’。”

若是者，孝弟之心通于神明，放乎四海，无所不准，礼义其有弗兴，风化其有弗博乎？故曰：“吾于祠祀，而知王道之易易也。”遂叙其语为记，以归卢氏，并示吾守［子］孙于无穷焉。（引自滁州政协文史委资料）

十五、陈白沙祠“千秋仰止”石匾

江门市蓬江区白沙大道西37号有座陈白沙纪念馆，纪念馆内有座风格庄重，结构严谨，装饰精细的陈白沙祠。

陈白沙，即明代著名学者陈献章。明弘治七年（1494），湛若水烧毁上京考进士的“路引”，前往新会拜陈献章为师，前后从师六年，悟出“随处体认天理”心学思想，深受老师赏识并仿传衣为信形式，以江门钓台为衣钵传与湛若水。湛若水非常敬重白沙先生，弘治十三年（1500），陈献章去世，湛若水写奠文，具礼祭并为师服丧三年。

白沙祠“千秋仰止”石匾（湛汝松摄于2012年7月24日）

正德九年（1514）新会县城马山建起了首个白沙祠，34年后，又对其扩建重修。日军侵华时，拆毁白沙祠修筑炮台。

今陈白沙祠是明神宗为表彰白沙先生兴学育才功绩，于万历二年（1574）下旨在陈献章故居新会白沙村兴建的。万历十二年（1584）建成时，已距陈献章逝世85年。万历十三年（1585），明神宗批准陈献章从祀文庙，使白沙先生成为岭南唯一从祀孔庙的儒家。

1985年，江门市政府为擦亮陈白沙文化品牌，拨款大修陈白沙祠并辟为陈白沙纪念馆。陈白沙祠前边，有一尊陈白沙石像，石像下边，有一块花岗石阴刻的“千秋仰止”匾额，上款有“正德辛巳（1521）仲冬”，下款有“门人增城湛若水题　大清乾隆乙卯（1795）季冬重修”。显然，“千秋仰止”的题字是湛若水于白沙先生去世后，白沙祠建筑之前书写的。

十六、龙江贞女桥牌坊

广东省佛山市顺德区龙江镇世埠长路到安富的古道上，有条半淤塞状态的龙江河，小河上有座石板桥，石桥西面入口处有个石牌坊，石牌坊上有个隶书阳刻的“贞女遗芳”石匾，这就是2002年7月17日被公布为广东省文物保护单位的贞女桥。

一座隐藏于乡间的残破古桥，为什么能成为省级文物保护单位呢？据《顺德龙江乡志》记载，南宋嘉定年间（1208—1224），国子监助教吴南金之女吴妙静成亲当日，李姓新郎从新会喜来迎亲，可在过龙江河时却不幸溺水身亡。妙静闻讯，悲痛万分，当即表示终身不嫁，并捐出嫁资在新郎溺水处建桥，造福后人。此桥于南宋嘉定八年（1215）建成，“桥长十一丈，阔一丈，桥石每块长二丈二尺，

贞女桥（卢展途摄于2008年2月）

贞女桥牌坊题刻（卢展途摄于2008年2月）

方二尺。贞女之先祖，原福建人，桥石皆来自福建”。从此，过往行人无不为之感动。

《顺德龙江乡志》还记载，明嘉靖年间，尚书湛若水为贞女吴妙静撰写墓表，礼部郎中、广东提学张希举在贞女桥上为吴妙静立牌坊。牌坊正面有阳刻的“贞女遗芳”石匾，背面刻有坊表铭文，两旁两柱冲天，石柱有阴刻“贞心义节无双士，古往今来第一人”对联，旁刻“明工部尚书湛甘泉题”（湛若水只任过南京礼、吏、兵部尚书，从未任工部尚书，此旁刻显然有误——笔者按）。

岁月飞逝，当年能使人溺水身亡的龙江河如今已变成半淤塞状态的小涌，当年的五眼石梁桥，也早已面目全非，幸得“贞女遗芳”牌坊仍在，后人还可以在贞女桥边的文物铭牌上读到：“贞女桥，俗称‘老女桥’，建于南宋嘉定八年，为贞女吴妙静捐建，青石构筑，原为五眼石梁桥，现残存一孔，有青石四条，每条长7.9米，宽0.63米，厚0.55米，桥上有‘贞女遗芳’两柱一间冲天式小型石牌坊一座，牌坊题字为明工部尚书湛若水所书。”

时至今日，人们的观念在更新，但捐资建桥的善举永远值得弘扬。

十七、东莞槎滘黎氏祠堂题匾

广东省东莞市中堂镇槎滘村有座黎氏祠堂，祠堂主人黎氏始祖黎英于南宋咸淳年间（1265—1274）从南雄迁至东莞槎滘。第四代孙黎槎江，崇尚祖训，勤劳敦厚，节俭持家，家业逐渐昌盛，置下良田一百多亩，但族中仍未有祠堂。明嘉靖六年（1527），玄孙黎玺与族中父老兄弟商议，发动族人集资兴建，才开始有黎氏祠堂。黎玺是湛若水女婿，祠堂竣工后，族人便请尚书湛若水为祠堂撰记题匾，以永垂传世，让家族子孙后代铭记心中。据《泉翁大全集》卷二十九记载，嘉靖十七年（1538）四月初一，时任南京吏部尚书的湛若水为黎氏祠堂撰写了《槎滘黎氏新建祠堂记》，勉励黎氏族人要“无忝尔祖，聿修厥德”。要无愧于祖先，像祖先一样重视美行懿德的修养。黎氏族谱还记载，湛若水还为祠堂题书了“黎氏祠堂”门额与“垂光堂”堂匾。

黎氏祠堂（黎佳摄于2017年12月6日）

槎滘黎氏祠堂“垂光堂”木匾（黎佳摄于2017年12月6日）

2010年，槎滘黎氏祠堂进行了重修，原来湛若水题写的“黎氏祠堂”木门额已不见，替代的是从电脑下载并重新制作的

“黎氏祠堂”四个行书大字，下款署有“甘泉题”。原有“垂光堂”木匾，经重新上漆，又悬挂于二进堂上。当年湛若水撰写的《槎滘黎氏新建祠堂记》，也重新点校刻石，镶嵌在祠堂中。

十八、木朗尹氏祠堂“世泽堂”木匾

江门市蓬江区杜阮镇木朗村有座被列为江门市重点文物保护单位的尹氏祠堂，祠堂二进厅正中，悬挂着一块“世泽堂”木匾。

“世泽堂”匾长2.3米，高0.9米，匾中“世泽堂”三字为金色行楷，每字高0.5米，上款“赐进士翰林院编修　国史　经筵官甘泉湛若水书”，下款“皇明正德辛巳仲冬吉日立”。

据《江门市尹氏通谱》中《木朗尹氏祠堂“世泽堂”牌匾小考》载，湛若水母逝丁忧期满不愿回京，以病为由入西樵讲学。明正德十六年（1521）仲冬，湛若水应恩师白沙先生儿子之请，为操办将白沙先生墓葬从圭峰山迁葬到皂帽峰麓之事，到靠近皂帽峰的杜阮村时，木朗尹氏族人请其为尹氏祠堂题匾，以纪念先人。此时，湛若水母逝丁忧期刚满，又正值改迁恩师墓葬，心情十分沉重。他为尹祠堂题匾，正是自己情怀的释放与寄

江门木朗村尹氏祠堂世泽堂（湛汝松摄于2017年11月4日）

江门木朗村尹氏祠堂“世泽堂”匾（湛汝松摄于2017年11月4日）

托，于是大笔一挥，沉实凝重的“世泽堂”三字便横贯其中。

20世纪60年代中期，“世泽堂”牌匾在“破四旧”中被卸下后不见踪影。近年，尹氏族人竟发现有人将其背面用作台面，但正面的字迹仍十分清晰，于是在重修祠堂时便将其修整，重新上漆，悬挂于尹氏祠堂二进堂上。

十九、玉岩书院“山高水长”牌匾

在今广州市黄埔区萝峰山玉岩书院东门外，建有一座八柱重檐歇山顶的凉亭，亭内高挂一块“山高水长”牌匾。全匾宽1.83米，高0.5米，厚0.05米，行书字体，上款刻“嘉靖甲辰年仲春吉日”，中刻“山高水长”四字，下刻“湛若水题”“十四世孙湛宴重书”。

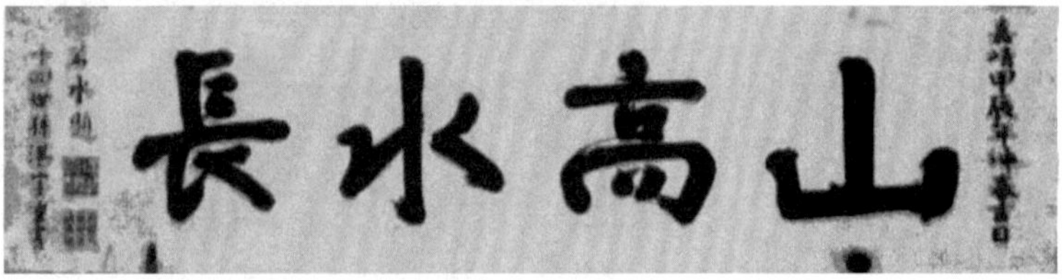

“山高水长”牌匾（选自《广州市文物普查汇编·萝岗区卷》）

玉岩书院，又名萝峰寺，是广州历史最早的书院之一，始建于南宋隆兴元年（1163），旧称种德庵。由钟遂和出资兴建，用以延师讲学，其四子钟启初（字圣德，号玉岩），年轻时曾在种德庵读书，后来在庵西侧建起萝坑精舍。元朝时，钟启初后人钟复昌扩建萝坑精舍，为纪念先祖，定名为“玉岩书院”，塑玉岩遗像于该处，供后人祭拜。明嘉靖十一年（1532），钟氏族人重建玉岩书院，扩建了玉岩殿及观音堂、天尊殿、文昌庙、金花庙等寺庙，并招有数名僧人入住寺庙。从此，这些书院、殿堂、寺庙以及附属建筑，被世人通称为萝峰寺。

1983年，玉岩书院被广州市人民政府列为重点文物保护单位。如今的玉岩书院，占地1348平方米，书院的玉岩殿、余庆楼、萝坑精舍与观音殿、天尊堂、韦驮阁檐廊相接，幽静清雅。这种书院、祠堂、寺庙的组合布局，在

萝岗玉岩书院（选自《广州市文物普查汇编 · 萝岗区卷》）

中国传统建筑中都是少有的。

玉岩书院自建成以来，就源源不断地吸引着达官贵人和文人墨客前来游览、拜谒，留下了不少题咏和墨宝。至今玉岩书院内还收藏有署名文山（即文天祥）的四首七绝诗，朱熹的题字木刻“忠、孝、廉、节”，海瑞的对联“石磴泉飞山欲静；洞门云掩昼多阴”，郑板桥的春、夏、秋、冬四时画竹木刻等。萝岗与新塘紧紧相连，湛若水也曾来此游览，缅怀先贤，抚今追昔，欣然题匾“山高水长”，此匾后来由湛若水十四世孙湛宴重书，至今仍挂于亭内，向人们诉说着玉岩书院古朴、悠久的文化和氛围。

二十、陂头“孝悌雍睦”牌匾

陂头钟氏祠堂（湛汝松摄于2016年3月3日）

广州市增城区永宁街有一个被古木环绕的“广州市文明村”——陂头村，村里有座建于明代嘉靖年间的钟氏祠堂。

古色古香的钟氏祠堂里，后堂正中高挂着一

个木牌匾，木牌匾上明代三部尚书湛若水题写的“孝悌雍睦”四个金色的大字特别引人注目。

湛若水为什么会为钟氏祠堂题写“孝悌雍睦”四个大字呢？陂头村流传着这样的故事：

甘泉先生不但历任南京礼、吏、兵三部尚书，而且是著名的思想家和教育家，他一生以兴学育贤为己任，所到之处必修书院。致仕前，他就在离陂头村不远的南香山（南樵）办了间莲洞书院，辞官还乡后，他经常到南香山莲洞书院讲学。那时候，从甘泉先生的家乡沙贝（即今新塘镇旧城区）到南香山的驿道，正好穿过陂头村。一年冬天，甘泉先生路过陂头村，远远看见一老翁因绊倒而滑入溪中。正当他快马上前，嘱咐马夫书童下溪扶老翁的时候，两个青年已争相跳入溪中，扶起满身泥水的老翁并背回村中。陂头村人尊老的村风给他留下深刻的印象，加上陂头村是从萝岗钟氏分迁而来的，出于对陂头钟氏先祖钟遂和、钟玉岩父子的敬仰，湛若水便经常造访陂头村。寻访中，他发现陂头村人不仅尊老爱幼，友善互助成风，而且敬祖追远，与天和谐，逐渐，甘泉先生与陂头人结下深厚的友情。钟氏建祠堂的时候，他便为祠堂题书“孝悌雍睦”四个大字。

然而，年深岁久，湛若水最初题书的“孝悌雍睦”原匾已佚。2003年祠堂重修时，由新塘水南村谢灿雄按当时规格重书，重新悬挂于后堂正中。现牌匾除有“孝悌雍睦”四个大字外，上款署“二〇〇三年癸未岁季冬重修”，下款署“湛甘泉题增邑谢灿雄重书”。

钟氏祠堂“孝悌雍睦”牌匾（湛灿辉摄于2017年6月12日）

2009年，广东省教育促进会等六个单位合编的《孝悌雍睦陂头村》中说，甘泉先生“为陂头村题书‘孝悌雍睦’，就是对陂头村孝顺父母、尊敬兄长，与天与人和睦相处之村风的礼赞”。

二十一、西洲陈氏祠堂门匾

广州市增城区新塘镇西洲村陈屋有座始建于明代的陈氏祠堂，祠堂门上有块湛若水题书的“陈氏祠堂”石匾。

湛若水母亲陈氏是西洲村陈屋人，若水幼年时常与母亲一起到西洲村，与当地的小伙伴一起玩乐，若水成名后，时刻记怀外祖家乡。明嘉靖十五年（1536），刚转吏部尚书的湛若水委托西洲乡贤陈震川等人在西洲村甘泉边建了甘泉书院。嘉靖二十九年（1550），村里建陈氏祠堂，父老乡亲便邀请致仕后的湛若水为祠堂题匾。

陈氏祠堂现为增城区登记保护文物单位，祠堂大门上镶有长2.65米，高0.65米的“陈氏祠堂”阳刻石匾，上款刻“嘉靖庚戌正月吉”，下款刻“甥孙湛若水谨题”。

西洲陈氏祠堂大门（湛汝松摄于2017年9月8日）

西洲陈氏祠堂门匾（湛汝松摄于2017年9月8日）

二十二、新墩陈氏祠堂门匾

新墩陈氏祠堂（卢浩良摄于2017年9月21日）

广州市增城区新塘镇新墩村东大街有座始建于明嘉靖庚戌年（1550）的陈氏祠堂，祠堂门上有块长2.65米，高0.65米的“陈氏祠堂”阳刻石匾，上款刻“嘉靖庚戌正月吉”，下款刻“甥孙湛若水谨题”，款式与西洲陈氏祠堂一样。

为什么两个陈氏祠堂的题款会一样呢？

原来，西洲陈氏始祖是从新墩村（当时属沙村）迁来的，因此，可以说湛若水既是西洲的陈姓外甥孙，也是沙村的陈姓外甥孙。两村于同一年建宗祠，自然题款都一样了。

新墩陈氏祠堂现为增城区登记保护文物单位。

新墩陈氏祠堂门匾（卢浩良摄于2017年9月21日）

二十三、新街陈氏祠堂题匾

广州市增城区新塘镇新街村有条祠堂街，祠堂街有座被“礼门”和“义路”两个花岗石巷门楼相伴于左右的陈氏祠堂。

陈氏祠堂门额（湛汝松摄于2015年8月4日）

陈氏祠堂始建于明嘉靖年间，门额阳刻行书“陈氏祠堂”，落款刻草书“甘泉”二字。二进中堂悬挂“追远堂”木牌匾，木牌匾为阴文行书，落款有草书“甘泉”二字和方形“吏礼兵三部尚书”篆刻印章。

陈氏祠堂于清光绪二十六年（1900）和2001年进行过重修。长3.2米，高0.9米的“陈氏祠堂”门额镶嵌在大门上，但中堂“追远堂”木匾已不见。门内前墙左右各镶嵌长1.78米，高0.8米的黑石壁碑，左碑复制原“追远堂”木匾外，还有关于湛若水题刻的碑文，右碑只复制“陈氏祠堂”题刻。

“追远堂”壁碑上关于湛若水题刻的碑文如下：

堂额为湛文简公书，公为吾族宅相，自他有耀，瞻仰肃焉，即以笔法论，亦趋步白沙，如骖之靳，今用洋影法恢阂其体，仍以原刻拓本寿诸乐石，我万子孙永敬宝之。天下事张其外者，业也；葆其真者，德也；小可喻大，岂为书迹之拳拳哉。

“追远堂”壁碑（湛汝松摄于2015年8月4日）

二十四、萝岗火村“介思堂”木匾

“介思堂”木匾（湛伟健提供）

“介思堂”木匾下款题刻（湛伟健提供）

广州市黄埔区萝岗东区火村有座南园钟公祠，祠内有一块由湛若水题书的“介思堂”木匾。

南园钟公祠是火村钟氏十一世祖祠，主人钟南园夫人湛氏是湛若水的姑母。据《钟氏族谱》记载，南园钟公祠建于嘉靖二十二年（1543），此时湛若水已致仕三年，钟氏族人不仅在择地上征求湛若水的意见，还请其题书了后堂的“介思堂”大匾。

南园钟公祠现为黄埔区登记文物保护单位。悬挂在南园钟公祠后堂上的“介思堂”匾额长2.65米，高0.63米，原左右两柱上还有对联“大宛朝来光自远；甘泉题后德常新”，可惜如今对联已失，只有湛若水题写的“介思堂”匾额还完好地悬于堂上。

“介思堂”匾额为正楷双钩木刻，上款有“嘉靖癸卯孟秋吉旦”和“本支百世”印章，下款有“眷姪湛若水顿首拜题”和“湛若水印”“甘泉”“三部尚书”三枚印章。

二十五、衡阳王氏宗祠联刻

湖南省衡阳市云集区栗江镇大渔村有座大气恢宏、建筑工艺精湛的“衡阳第一家”祠堂。

“衡阳第一家”大门（湛伟健摄于2011年2月7日）

“衡阳第一家”即衡阳王氏宗祠，又称渔溪王氏宗祠，2013年其被列为全国重点文物保护单位。该祠堂始建于北宋嘉祐六年（1061），被御赐为“楚南第一家”，元代战乱被毁。明永乐十二年（1414）重建时，衡州知府史中奉旨题“衡阳第一家”。此后，祠堂经历过多次维修扩建，现有20多副出自明清以来尚书、状元、内阁中书、知府等名流之手的楹联挂于祠中，湛若水题写的“历朝甲第；累世文明”楹联就在祠内一对石柱上。

湛甘泉题联（湛伟健摄于2011年2月7日）

现衡阳王氏宗祠汉白玉的大门上，“衡阳第一家”门额十分夺目，加上“古今忠孝门第；世代耕读人家”门联，更显得文雅厚重。衡阳王氏宗祠现是湖南省保护规模最大、最完整、最具南方典型、最有艺术价值的明代风格古建筑。

后　记

《湛若水史迹寻踪》一书终于出版了。从2014年确定编写《湛若水丛书》以来，经丛书主编黄明同教授的多次邀请，我和湛汝松先生承担了《湛若水史迹寻踪》一书的编写任务，后来又邀请广东民间工艺博物馆的胡继芳副研究员一起参与调查湛若水有关史迹和编写本书部分条目的工作，湛伟健先生也参与了湛若水史迹调研工作。

湛若水先生是岭南著名的历史人物，生前曾任明朝南京礼、吏、兵部尚书，当高官的时间较长，其一生又以兴学育贤为己任，所到之处，必修书院。据有关学者研究，湛若水所建的书院达30多所，此外，还有他的住宅，相关的祠堂、庙宇、墓葬、碑刻等，因此，推测南粤大地应留下不少湛若水先生的文物史迹。但是，我们在编写此书，寻踪湛若水史迹时才发现，由于年深岁久，历代多次毁书院、禁讲学，湛若水先生当年所建的书院至今已没有一间能完整地保存下来了，令人深感遗憾。同时，与湛若水有关的文物史迹原来大多数在乡镇或山区，由于历史沧桑巨变，特别是近几十年的大规模城市建设和乡村改造，许多乡镇已变成城区或闹市，因此，现在保存下来的湛若水文物史迹大多数已不是历史上的面貌，甚至有的已经面目全非了。本着对湛若水先生的敬仰和对读者负责的态度，我们在编写此书时花费了很大的精力去找寻湛若水留下的文物史迹。

收入本书有关湛若水史迹以物为主，以物带事，主要有三个要素。一是有明确的史书记载或可靠的民间传述；二是知道湛若水文物史迹的历史变迁和现状；三是每一条史迹，尽可能配照片，力求做到图文并茂。凡文物史迹已经湮没无存的从略。

本书收入有关湛若水文物史迹文稿共59篇，其中《湛若水墓》和《陈献章和诗浴日亭》由黄淼章撰写，《湛家园》《广州白云书院》《玉岩书院"山高水长"牌匾》由胡继芳撰写。其余54篇文章由湛汝松撰写。湛汝松先生是增城人，其退休以后，怀着对家乡先贤湛若水的崇敬之情和对文学的爱好，曾写下了15万字寻觅湛若水的散文和诗歌，汇编成《寻觅甘泉》文学作品集。由于有此基础，黄明同教授邀请其参与编撰本书，为使本书的史实更为准确，湛汝松先生不顾自己已年过古稀，不辞劳苦，对以前考察过的湛若水先生史迹又重新进行实地核查，力求减少差错，其敬业精神令人敬佩。

本书所用的照片大部分是湛汝松先生和湛伟健先生亲自到文物史迹现场拍摄，另外一些照片由有关部门提供或他人拍摄，均署上拍摄者姓名或出处。为了对历史负责，照片大都标注了拍摄日期。

本书参考的史料书籍主要有：《湛甘泉先生文集》《泉翁大全集》《广州文物志》《广州市文物普查汇编》《增城县志》《沙堤湛氏族谱》《西樵山志》《博罗县志》和文中提及的有关地区的地方志，以及黎业明《湛若水年谱》、黄明同《湛若水》、《湛甘泉文化研究系列》等书刊。

本书撰写过程中得到了广州市文物考古研究院、广州市增城区文体旅游出版局、增城区地方志办公室、佛山市南海西樵镇政府、南海西樵山景区管委会、广州市黄埔区文化广电新闻出版局、黄埔区文化遗产监督保育员工作站、黄埔区九龙镇社会事务办、广州增城经济技术开发区管委会、惠州市博罗县委宣传部、佛山市致兴纺织服装有限公司等单位以及南京市原人大常委会副秘书长熊梅生、祖籍扬州的南京文化学者王喜根、安徽柯氏文化研究会秘书长柯宏胜、福建寿宁县书法家缪长钻、安徽省滁州市政协文史委原主任张祥云和各地热心人士的支持和帮助。

但鉴于各种原因，书中收录的湛若水史迹条目不够完善，加上我们自身水平有限，不妥之处在所难免，诚恳地希望学者和读者批评指正。我们衷心希望这本书能抛砖引玉，为专家学者研究湛若水留下宝贵的文史资料，也使广大读者对湛若水先生的史迹有进一步的了解，并唤起人们对已逝先贤的敬仰，期望湛若水留下的文物古迹能够得到更好的保护和开发利用。

黄淼章

2018年1月3日